ENEOS
Madonna Japan
Awesome Heroines

Baseball 2014 in 宮崎

World Cup Women's

We won the four successive world championship!!
Madonna Japan
ENEOS
SAMURAI JAPAN
読売新聞
USA 0000000 0 3 0
JPN 000100X 1 6 0
ENEOS Presents WOMEN'S BASEBALL WORLDCUP MIYAZAKI JAPAN 2014
サンマリンスタジアム宮崎

世界最強野球女子

マドンナジャパン

絆でつかんだ四連覇

長谷川 晶一

Shoichi Hasegawa

亜紀書房

はじめに

最強にして、やはり最高な女子野球の世界

マドンナジャパン――。

この言葉を知っている人、聞いたことがある人はどれぐらいいるのだろう？

正確には「侍ジャパン女子代表」と呼称され、現在までに日本チームは2年に一度行われるIBAF女子野球ワールドカップにおいて、大会四連覇を達成している。

2014（平成26）年9月7日――。

宮崎・サンマリンスタジアム上空を覆った薄い雨雲は断続的に雨を降らせており、この日、スタジアムに集った1万4000人の観衆も雨中の観戦となっていた。

日本対アメリカの決勝戦。ここまで圧倒的な強さを誇ってきた侍ジャパン女子代表、通称・マドンナジャパン。しかし、この一戦に敗れてしまえば、これまでの努力はすべて水泡に帰してしまう。このとき、マウンドで孤軍奮闘しているのはエース・里綾実《さとあやみ》だった。

そして、里は見事なピッチングで強豪・アメリカ打線を完封。日本に四連覇をもたらした。14年の第6回・日本大会においても6戦全勝という圧倒的な強さで、アメリカやカナダなど強豪国を相手にマドンナジャパンは見事な優勝を飾った。

しかし、マイナー競技の悲しさか、この偉業を知る者は少ない。

それでも、選手たちはさまざまな葛藤を抱えながら、大好きな野球に打ち込み、ときには笑い、ときには涙を流してグラウンドで輝き続けている。

男子野球とはまた異なる女子野球の魅力が、そこにはある。

こうした女子野球の魅力を伝えるべく、本書ではマドンナジャパン20戦士たちの8篇の物語をお届けしたい。彼女たちがどんな思いで野球をしているのか？

どうして、女子野球はかくも魅力的なのか？

ぜひ、その一端を感じていただきたい。

＊

本書は12年の第5回・カナダ大会を追った『マドンナジャパン 光のつかみ方』の続編という位置づけである。もちろん、前作を読まなくても楽しめるように書いたつもりだが、前作と続けて読んでいただくと、選手たちの「この2年間」の成長と葛藤が、よりリアルに迫りくるはずだ。

前作をお持ちの方はぜひ、改めて手にとった上で本書をお読みいただけると幸いである。

前掲書の「はじめに」で、僕は次のように書いた。

自虐的な表現を使えば「マイナーだけど最強」なのかもしれない。しかし、その世界に少しでも触れてもらえれば、「最強にして、最高！」と感じられるはずだ。

この思いは、今でも変わっていない。ぜひ、「最強にして、最高！」な女子野球の世界、マドンナジャパンの雄姿を堪能してほしい。

※本文中に登場する各選手の所属チームは14年ワールドカップ当時のものです

目次

第1章

Madonna Japan

マドンナジャパン、絆でつかんだ四連覇

前人未到のW杯四連覇、歓喜の瞬間

２０１４（平成26）年９月７日——。

宮崎の空からは、断続的に雨が降り注いでいた。ときには激しくなり、ときには霧雨状になり、グラウンドで躍動する選手たちに、そして、サンマリンスタジアムに集った１万４０００人の観衆に降り注いでいた。

16時31分、７回表・アメリカ最終回の攻撃が始まる。

マウンドに上がっていたのはマドンナジャパンの自他ともに認めるエース里綾実《さとあやみ》（ノースレイア）。女子プロ野球リーグ・ＪＷＢＬ（日本女子プロ野球リーグ）を代表する好投手は、代表としては３大会目となる今大会も大事な場面で投げ続けていた。

６回を終えて、打者22人に対して被安打６。四死球こそなかったものの、本来の調子からすると不本意な内容だった。それでも、強豪アメリカ打線に対して１点も許さず、雨中の力投は続いていた。初回のマウンドに上がった際に、里は思った。

（今日は、調子がよくないな……）

だからこそ、丁寧なピッチングを心がけた。雨は降ったりやんだりを繰り返し、４回裏には23分間の中断もあり、投手としては心身ともに過酷な状況にあった。さらに追い打ちをかけるように、2回表にはアメリカの七番・スナイダーの打球が左足首を直撃していた。当たった直後には強烈な痛みを感じた。それでも里は思っていた。

（ここで降板したら、MVPはないな……）

そう、里は大会MVPを狙っていたのだ。大会前には「決勝戦のマウンドに上がりたい」という思いをエネルギーに変えていた。そしてこの日、その夢が実現するとすぐに「大会MVPを獲る」と、次なる目標を定めていた。

2回途中での降板となれば、その夢も潰《つい》える。幸いにして、まったく投げられないという状態ではなかった。多少の痛みは気になるものの、「いけるところまで投げ続けよう」と里は決心していた。試合途中には左足の感覚がなくなり、それを打ち消すために地面を踏みつけるように、何度も力強くその場で地団駄を踏んだ。それによって、本来の調子が戻ることはなかったけれど、何もしないよりはまだましだった。

決して本調子ではなかったが、それでも最終回までアメリカ打線を0点に抑えた。

（あと1回、いや、あと3人……。それですべてが終わるんだ）

得点は3対0で日本がリードしている。あと3つのアウトを取ればすべてが終わる。キャッチャーは大学時代にバッテリーを組み、大会屈指のスラッガーと称されている西朝美《ともみ》（AFBTTR）だった。前々回大会でも、前回もバッテリーを組んでいる。すでに気心は知れている。西のリードに任せて最後の力を振り絞ればよかった。

しかし、この場面でアメリカの五番・ヒューデックがセンターにはじき返す。ノーアウト、ランナー一塁。まだまだあせる場面ではない。しかし、ここで三塁側ベンチから大倉孝一監督（環太平洋大学女子硬式野球部監督）が飛び出した。

この大会を通じて、大倉がマウンドに向かうのは初めてのことだった。

現役時代にキャッチャーだった大倉には、このときのバッテリーの心境が手にとるようにわかった。「早く試合を終えたい」というあせりが冷静な判断を奪い、誤作動を招くことは、自らの現役時代に何度も経験していた。そのため、日頃から「病気は早期発見、早期治療に限る」と考えていた。ゆっくりとマウンドに向かうと大倉は白い歯をこぼした。

「いいか、お前らの方向性、やりたいことは間違っていないんだぞ。一塁ランナーは気にするな。あのランナーはいないつもりで、次のバッターに向かおうじゃないか」

最初は神妙に聞いていた里と西だったが、大倉の話を聞くうちにふたりとも笑顔となった。大倉には周囲を明るくし、選手たちを元気づける不思議な力があった。

タイムが解けると六番のコブが右打席に入る。一拍の間を置いたことが奏功したのか、里は初球、二球と小気味よくストライクを取った。三球目のファールの後のスライダーは大きく外れた。外したのではない、雨で滑ったか、最終回を迎えて握力が落ちていたのか、いずれにしてもボールは大きくすっぽ抜けた。

「タイム！」

次の瞬間、ベンチから飛び出してきたのは投手最年長で副キャプテンでもある中島梨紗《なかしまりさ》（イーストアストライア）だった。第2回大会から、この第6回大会までの代表歴を誇る大ベテランはこの大会を最後に、代表からの引退を決意していた。

前日の試合に、中島はワンポイントで登板していた。これは大倉が見せた「温情起用」でもあった。力の衰えを実感していたベテラン投手は、このとき「決勝の大事なゲーム。もう、自分の出番はないだろう」と理解していた。それでも、これまでのように「今、自分にできることは何か」を探し続けていた中島は、滑り止めのロジンバッグを里に手渡すために、このときも迷うことなくベンチを飛び出した。この姿勢こそ、中島が選手たちから信頼される理由だった。

まさに、試合に出ていない控え選手も含めて、ベンチにいるすべてのメンバーが一丸となって戦っている象徴的なシーンだった。

落ち着きを取り戻した里は六番・コブをサードファールフライに、続く七番・スナイダーを空振り三振に斬って取った。

スタンドから起こった「あとひとり」コールが球場中を包み込む。

そして――。

カウントワンボール・ワンストライクから投じられたこの日86球目。八番・マーストンの放った強烈な打球がショート・厚ヶ瀬美姫《あつがせみき》（イーストアストライア）を襲う。しかし、今大会でベストナインを獲得する厚ヶ瀬は冷静だった。難なくこの打球を処理すると、セカンドベースに入った出口彩香《でぐちあやか》（尚美学園大学《しょうび》）に落ち着いてスローイング。

ゲームセット――。

16時38分、侍ジャパン女子代表・マドンナジャパンは大会四連覇を達成した。

マウンド上の里はキャッチャー、西の元へと駆け下りる。膝に爆弾を抱えながらも、今大会を無事に乗り切った西は、すでにマウンド手前まで到達している。殊勲のバッテリーは、ともに大きくジャンプしながら歓喜の抱擁を交わし合った。

ベンチからはベテランの中島が先陣を切ってグラウンドになだれ込む。好守を連発した厚ヶ瀬や、出口ら内野陣に続いて、プロ選手のプライドと実力を存分に見せつけた三浦伊織《いおり》（ウエストフローラ）、代表初選出ながら存在感を誇った寺部歩美《てらべあゆみ》（尚美学園大学）、キャプテンとして見事にチームをまとめ上げた志村亜貴子（アサヒトラスト）も、少し遅れてマウンド付近に集まり、すぐに小さな祝宴の輪ができた。

里を中心とした20名の代表選手たちは、曇天の宮崎の空に向かって、人差し指を真っ直ぐに伸ばしている。白い歯を見せて、何かを叫びながらみんなで抱き合っている。

世界を寄せつけない侍ジャパン女子代表・マドンナジャパンの四連覇の瞬間だった。

＊

1万4000人の大観衆が集まったスタンドでは、女子野球協会の前理事長・春日利比古《かすがとしひこ》が日の丸の扇子を両手に持ち、声を枯らして応援していた。思えば06年、灼熱の台湾でもスコールのような雨の中で、春日は大声を張り上げて選手たちに心からのエールを送っていた。その後、理事長職を辞した春日は「かつての仲間たちの応援に」と、プライベートで宮崎を訪れていた。

第2回、第3回大会でチームをまとめた元キャプテン・長野恵利子（福知山成美《ふくちやませいび》高校女子硬式野球部監督）の姿もある。ワールドカップを初めて制した08年大会の主将として、チームを厳しく導いた長野は、今では高校女子野球の名将となっていた。グラウンドで躍動する西や志村、ベンチで控えていた中島、金由起子《こんゆきこ》（ホーネッツ・レディース）は、長野にとってかつてのチームメイトでもあった。

代表候補として選出されながら、惜しくも選から漏れた加藤優《ゆう》（アサヒトラスト）もスタンドで歓喜の声を上げていた。代表合宿で奮闘している際に、「美人すぎる野球選手」として、そのルックスが話題となり、過熱するマスコミ報道禍に疲れ果て、そして代表落ちした。わずかな期間にさまざまな経験を積んだ加藤も喜びの表情を浮かべていた。

もちろん、選手たちの保護者、そして全国の女子野球ファンも、「世紀の一瞬を見届けたい」と宮崎に集結していた。誰もが歓喜の雄叫びを挙げていた。

三塁側ベンチでは2大会ぶりの監督復帰となった大倉孝一と、大倉を支え続けた清水稔《みのる》コーチ（三菱重工業野球部部長）が、がっちりと固い握手を交わしながらベンチを出る。

第3回の日本・松山大会、第4回のベネズエラ・カラカス大会を制した後に監督職を辞していた大倉は2大会ぶりの監督復帰だった。すでに五十代を迎えて、選手たちとの年齢差はどんどん大きくなっている。それでも、自ら選手に近づいていく積極的なコミュニケーションを心がけて、チームの一体感、絆《きずな》を生みだすべく腐心した。

その大倉を支えたのが清水だった。温厚な人柄で選手たちからも慕われている清水は、大倉にとってのいい相談相手であり、名参謀でもあった。前大会でも新谷《しんたに》博監督（元西武ライオンズなど）を献身的に支えた清水の存在はマドンナジャパンに欠かせないものとなっている。

その大倉と清水の後に続くように、巨体を揺らして登場したのが津司《つし》浩一だった。日本チームの団長として、グラウンド内外のさまざまな難事を処理し、選手たちがプレーに専念できる環境を作り出した、松山商業高校、近畿大学、名門チームでマネージャー職を務め、現在松山市役所に勤める津司の頑張りは大きかった。

ある者は白い歯がこぼれ、ある者はその瞳が濡れている。多くの人たちに祝福される中で、プロ7選手を含めた20名のマドンナジャパン戦士たちは見事に大会四連覇を達成した。

雨雲が広がる宮崎の空。

それでも、ここサンマリンスタジアムだけは、その名の通り、燦々《さんさん》と陽光が降り注いでいるかのようだった。「地元開催」「四連覇」という重圧から解放された至福のひととき、選手たちの歓喜の宴はしばらくの間続いた——。

下馬評通り、決勝戦は日本とアメリカの一騎打ちに

14年9月1日から7日にかけて、日本・宮崎で行なわれた「第6回IBAF女子野球ワールドカップ2014」。2年おきに開催され、女子野球世界一を決める唯一の世界大会において、日本代表・マドンナジャパンは08年・日本大会、10年・ベネズエラ大会、12年・カナダ大会で三連覇を実現していた。

この第6回大会に向けて、全日本女子野球連盟は13年11月30日、翌12月1日に、翌年に控えた大会本番に向けてトライアウトを行い、代表候補26名を選出。その後、プロから7選手を追加招集し、最終的に20名の選手に絞り込んだ。

内訳はプロ7名、クラブチームから7名、そして大学生が6名で、そのうち代表初選出が6名。ポジション別にみると、投手・7名（左腕は2名）、捕手・2名、内野手・8名、外野手・3名となっており、バランスの取れたチーム編成となっている。

一見すると、捕手と外野手が手薄に感じられるかもしれないが、外野手登録の寺部歩美は捕手としても起用が可能だったし、捕手登録の中村茜《あかね》（ウエストフローラ）は前年まではプロで外野を守っていた選手だった。内野手の8名も、いずれも複数ポジションを守れる選手ばかりが名を連ねており、故障者が出ても臨機応変に対応できる編成だった。

地元日本の開催で、大会四連覇を宿命づけられていた今大会はA、B両グループに分かれ、各グループ総当たりの1次ラウンドと、1次ラウンドの上位2チームが対戦する2次ラウンド、そして2次ラウンドの1位、2位が対決する決勝戦が予定されていた。

日本はプールAに属し、オーストラリア、香港、ベネズエラとともに1次ラウンドを戦い、一方のプールBはカナダ、チャイニーズ・タイペイ、オランダ、アメリカが参加。合計8つの国と地域が参加して、今大会は行われた。

《1次ラウンド》

9月1日……第1戦・対オーストラリア

2日……第2戦・対香港

3日……第3戦・対ベネズエラ

4日……雨天予備日

大会初戦となる1日のオーストラリア戦を14対0で制した日本チームは、翌2日の香港戦を19対0、3日のベネズエラに14対0と快勝する。

初戦のオーストラリア戦は、代表初選出ながらプロの世界で躍進著しい矢野みなみ（ウエストフローラ）の右腕に託された。

大会2日前に矢野は大倉の部屋に呼ばれ、「初戦の先発で行くぞ」と告げられた。大会前に亡くなった母との「約束」を果たすべく、見事に代表入りしていた矢野の表情は落ち着いていた。プロの世界で圧倒的な成績を残していたからこそ、初めての代表戦ではあったものの大きな緊張に包まれることもなかった。

大会直前の8月下旬、オーストラリア代表チームは日本の女子プロ野球チーム選抜と強化試合を行った。この試合に矢野は登板していなかったが、「大会のために」と自らビデオカメラを2台設置し、本部席から1球ごとに配球チャートを作り、オーストラリア打線対策を行っていた。1台のカメラはスタンド最前列に設置して守備体系のチェックを行い、もう1台のカメラはバックネット裏に設置し、相手投手の配球パターン、相手打者のウィークポイントチェックに努めた。こうした事前の努力が実を結んで、矢野は3回を投げて無失点。日本代表は14対0、コールド勝ちで幸先のいいスタートを切った。

翌2日の香港戦は、こちらも代表初選出の笹沼菜奈（平成国際大学）が先発。「代表未経験者を早めに大会の雰囲気に慣れさせたい」という大倉の狙い通り、この日、スタメン起用された一番・平賀愛莉《あいり》、二番・兼子沙希《かねこさき》の平成国際大学コンビが大暴れして、この日も19対0とマドンナジャパンは快勝した。

続いて行われた1次予選・第3戦も日本の勢いは止まらない。この日は、前大会MVPの磯崎《いそざき》由加里《ゆかり》（侍）が満を持して先発。足の故障でフォームを崩し、長らく不振にあえいでいた磯崎だったが、やはり貫禄勝ちだった。ベネズエラ打線をまったく寄せつけず、初戦に先発した矢野、今大会のエース・里とつないで、この日も14対0でシャットアウト。

これで、1次ラウンド全3戦をマドンナジャパンは無傷の3連勝で1位通過。失策はゼロで相手に1点も許さなかった。

この結果、マドンナジャパンは予備日を挟んだ5日からの2次ラウンドに駒を進めた。

《2次ラウンド》

9月5日……対カナダ戦

6日……対アメリカ戦

5日の2次ラウンド初戦は前回大会で9対7と苦しめられていたカナダが相手だった。

この試合でも、ベネズエラ戦に続いて磯崎が先発。大倉は試合前に考えていた。

(イソで行けるところまで行こう。でも、本調子でないとわかったら、すぐに里に切り替える。この試合に勝てば、明日のアメリカ戦を負けても、決勝戦には進める。そのためには何としてでもカナダを倒す!)

大倉の決意を体現するかのように、日本代表は初回から猛攻を見せた。二死走者なしから、三番・三浦、四番・西、五番・川端友紀《かわばたゆき》(イーストアストライア)が連続フォアボールを選んで満塁とすると、前回大会で打点王に輝いた六番・金が左中間を破るツーベースヒットを放って、一挙に3点を奪った。

これで一気に、日本有利の展開となったものの、続く2回表に磯崎がつかまる。一死走者なしから、カナダの六番・スティーブンソンの放った打球がセカンド後方、ライト前方に上がった。セカンドの出口も、ライトの寺部もともに守備には定評がある。出口も、寺部もともに「捕れる」と確信し、懸命に打球を追った。

「オッケー！」声をかけたのは寺部だった。外野と内野の間にボールが飛んだ場合、外野手を優先するのが鉄則だ。出口が身をよじって屈んだ。しかし、その姿が寺部の視界に入り、判断が一瞬遅れて、打球はふたりの間に落ちた。記録はエラー。鉄壁の日本チームにとって、第4戦目にして初の、そして全6戦を通じて唯一の失策が記録された。

出口と寺部の一学年上で、同じく尚美学園大学出身の磯崎は（あのふたりでエラーを記録するなんて珍しいな）とは思ったものの、さしたる動揺はなかった。

しかし、「ミスは失点につながる」という野球界の鉄則はここでも生きていた。続く、七番・レイラーがライトオーバーのツーベースヒットを放った。この一球は、大会後も磯崎が後悔している「高めの失投」だった。この一打は大会4試合目にして日本最初の失点となった。

（エラーの後だからこそ、きちんと抑えてムードをよくしたかったのに……）

この一打に大きな悔いを残していたのはライトの寺部も同様だった。

ボールがバットに当たった瞬間、寺部は（頭を越される！）と判断し、ボールの行方を見ることなく、予想される落下地点に向けてまっしぐらに背走する。野球勘に優れた寺部の打球判断には定評があった。そして、（そろそろかな？）と、打球の行方を確認すると、手を伸ばせばボールが届く距離まで来ていた。

（よし、捕れる！）

しかし、一瞬の気負いが油断につながってしまったのか、白球は寺部のグラブからこぼれ落ちた。記録はヒットだったが、寺部の実力ならば捕球の可能性は十分にあった。今大会において、寺部が唯一、悔いを残したシーンとなった。続く、八番・ミルズにもセンター前に運ばれ、九番のボイドにもライト前に運ばれたが、これは寺部が自慢の強肩を見せてライトゴロに仕留めた。しかし、磯崎はこの回に2点を失ってマウンドを降りた。得点は3対2。今大会において初めて訪れた緊迫した場面だった。

そしてマウンドに上がったのが、大倉監督が絶対的な信頼を寄せていたエースの里だった。ここで里は3回以降をピシャリと抑える好投を披露。その後、好調の日本打線がこの日も爆発し、試合は12対2の5回コールド勝ちを収めた。

ここまで4戦して4勝。そのすべてがコールド勝ちだった。

しかし、世界中の人々に日本の緻密な野球を見せつけた一方で課題も残った。今後、世界的に女子野球を盛り上げていく上で、他国のレベル向上が緊急の問題であることが、ここまでで明らかになった。

これまで、日本、アメリカ、カナダ、オーストラリアが「世界四強」と称されていた。しかし、今大会で日本は初戦のオーストラリア、第4戦のカナダ戦でいずれもコールド勝ちを収めた。10年に女子プロ野球リーグGPBL（現JWBL）が発足し、年々レベルアップを実現している日本に対して、他国が追いついていない現状が浮き彫りとなった。女子野球が世界的に発展するためには、日本だけが突出して強くてもいけないのだ。


6日の2次ラウンド2戦目となるアメリカ戦では代表初選出の笹沼菜奈を先発に立て、計4投手の継投によって1対0で勝利。試合後の記者会見で笹沼は「あまり緊張はしなかった」と発言し、代表最年少ながら大物ぶりをアピールした。

代表選考時には当落線上にあった笹沼だったが、「将来の貴重な先発左腕に経験を積ませたい」という首脳陣の期待に見事に応える好投を見せた。

これで5戦5勝。1次ラウンドでは圧倒的な力を見せつけたものの、プールBでは、アメリカもまた緻密な野球を展開していた。地力には勝っていても、決勝戦は一発勝負だ。翌7日の決勝戦で負けてしまえば、ここまでの努力と準備のすべてが水泡に帰す。

大倉監督は早い段階から20名の代表選手に告げていた。

「9月7日には、これまでに経験したことのない感動をみんなで味わおうじゃないか！」

大事な決勝戦の先発は、早い段階から里に任せることは決めていた。里の右腕を信じ、もしも里が序盤で崩れれば、前回大会MVPの磯崎や女子プロリーグで新人王を獲得した矢野を惜しみなく投入するつもりだった。

大会前に、大倉は全選手に「心の準備20ヶ条」と題した文書を配った。

そこには、大倉が大切にしている「試合前の心の準備」が具体的に20ヶ条記されている。その20番目には、次のように記されている。

⑳大会終了後、自分自身が全力を出し切った満足感をチーム全員で分かち合うことを誓ったか?

これに対して、里は次のようにシンプルに記した。

絶対にこの満足感を味わいます!

こうして、戦前の下馬評通りにプールAを1位通過した日本とプールB1位のアメリカによる優勝争いが繰り広げられることとなった。相手は第1、2回大会を制しているアメリカだ。相手にとって不足はない。「これまでに経験したことのない感動」に向けた戦い、絶対に負けられない戦いが始まろうとしていた——。

9月7日には、
これまでに経験したことのない感動を
みんなで味わおうじゃないか！

――大倉孝一

盤石の信頼を背負って里綾実はマウンドへ

迎えた7日、試合開始は14時の予定だったが、選手たちが宿舎を出たのは10時48分のことだった。その表情には緊張感はあっても悲壮感などなかった。練習会場となった木の花ドームでは、この日先発を任された里が淡々とウォーミングアップに励んでいる。

大会前に里は言った。

「これまでの大会でもそうだったように、今回も大事な場面での登板が多くなると思っています。それをプレッシャーに感じるのではなく喜びに変えて頑張ります！」

第4回大会から代表入りを果たしている里は、大会を重ねるごとに日本代表の中で大きな存在感を放つようになっていた。最速125キロのストレートは女子球界有数のスピードを誇る。さらに、彼女の真骨頂は世界の打者をきりきり舞いさせる切れ味抜群のスライダーにあった。

高校時代にイップスに苦しみ、まともにボールを投げられなかったとは思えない世界的投手に変貌していた。イップスとは、精神的要因により、スポーツにおける動作に支障をきたして思い通りのプレーができなくなる運動障害のことだが、里にとっては過去の話だ。

神村《かみむら》学園高等部時代に里とバッテリーを組んでいた黒岩真実。自身も代表経験を誇り、今回は代表チームのサポートスタッフを務めた彼女は「球そのものよりも、マウンド上から伝わってくる自信が段違いにすごくなった」と分析する。宮崎在住の黒岩はマドンナジャパンのために、バッティングピッチャーを務めたり、ボール拾いに汗を流したり、裏方としてチームのために必死に働いていた。

また、大倉監督も里に関しては手放しで絶賛する。

「今では里はひとりだけ一段階上のレベルのピッチャーになっています。今大会では里を中心にした投手起用を考えていました。それぐらい、彼女のことは信頼しています」

高校時代のチームメイトである黒岩や、大倉監督の言葉通り、今大会でも里は威風堂々とマウンド上で振舞った。1次ラウンドのオーストラリア戦、ベネズエラ戦ではクローザーとして、2次ラウンドのカナダ戦でも前回大会でMVPに輝いた先発・磯崎由加里の後を受けて、試合を見事に締めくくった。

そして、アメリカとの決勝戦では先発を任された。大倉監督は「最終戦は里に任せる」と早い段階から決めており、大会の投手起用はすべて決勝戦の里からの逆算で決められていた。万全の信頼を背負ってマウンドに登場するのが、この日の里だった。

宮崎の空からは小雨が降り続いている。全選手を前に監督は言う。

「雨が降っているから開始時間がどうなるかはわからない。でも、自分でコントロールできないことは考えるな、受け流せよ。これもメンタルトレーニングのひとつだ。開始時間まではリラックスして過ごそう！」

マドンナジャパン戦士たちは、13時に本番会場となるサンマリンスタジアムに入った。真っ黒い雨雲からは、なおも小雨が降り続いている。

そして、場内にはスターティングメンバーの発表が響き渡る。

一番・六角彩子《ろっかくあやこ》／サード（侍）
二番・厚ヶ瀬美姫／ショート（イーストアストライア）
三番・三浦伊織／センター（ウエストフローラ）
四番・西朝美／キャッチャー（AFBTTR）
五番・川端友紀／ファースト（イーストアストライア）
六番・金由起子／DH（ホーネッツ・レディース）
七番・寺部歩美／ライト（尚美学園大学）
八番・出口彩香／セカンド（尚美学園大学）
九番・志村亜貴子／レフト（アサヒトラスト）
投手・里綾実（ノースレイア）

スコアボードの電光掲示板に刻まれたのは、日本が世界に誇る精鋭たちだった。

心の野球、絆の野球、それがマドンナジャパン

雨天によるグラウンド整備に時間がかかったため、試合は定刻よりも20分遅れて14時20分に始まった。

今大会は不安定な天候が続いたものの、宮崎県のスタッフたちは常に献身的に働いていた。悲願の「地元開催」を実現し、何としてでもマドンナジャパンに四連覇を達成してほしい。その願いの下に官民挙げて挙党態勢を組み、県を挙げての歓迎ぶりはすごかった。

宮崎ブーゲンビリア空港に着くと同時に歓迎セレモニーが盛大に行われた。空港職員の中には「おもてなしこそが最大の観光資源」という意識が徹底的に根づいていた。日本代表だけではなく、各国の選手たちに向けて手作りの国旗を百本単位で作成して選手たちを出迎えた。男子プロ野球のキャンプ地として有名な宮崎はそもそも野球熱が高い土地柄だ。選手たちが空港に到着するときには地元ファンも多く駆けつけた。

また、選手たちが宿泊した「ラグゼ一ツ葉」を提供してくれたのは「シーガイア」で有名なフェニックスリゾート株式会社だった。前回のカナダ大会では大学の施設に泊まり、大会期間中にエレベーターが故障し、

試合後、選手たちは重い荷物を持ったまま階段を上る羽目になった。それに比べると今回は全室オーシャンビューの眺望の美しい部屋で、選手たちはゆったりと過ごした。さらに、レストランでは味はもちろん、栄養面まで考えられたメニューがたっぷりと並んだ。試合が伸びて、予定の時間を過ぎてもなお、暖かい食事を用意してくれる心遣いによって、選手たちはベストコンディションを保つことができた。

地元宮崎放送（MRT）では、事前PRも含めて、連日、大会中継が行われていた。だからこそ、地元の人々の期待に応えるべく、大倉は何としてでも勝ちたかった。その思いは選手たちも痛切に理解していた。選手たちはみな、地元の期待と声援をエネルギーに換えて戦っていた。

この日の先発・里は冷静だった。初回こそ二死から連打を浴びたが、五番のヒューデックをショートゴロに打ち取り無失点に切り抜けると、2回は三者ピッチャーゴロと少しずつ安定を見せ始める。この間、左足首に打球が直撃したものの、その痛みをまわりに悟られぬよう、里は平静を装った。

1回裏には、早くも大倉監督の陽動作戦が見られる。一死後、二番・厚ヶ瀬がフォアボールで出塁した場面のことだ。アメリカ先発のヒューデックは一塁走者が気になるのか、執拗な牽制《けんせい》を繰り返す。このとき、大倉監督が通訳を伴ってベンチから出てきた。

牽制の際のヒューデックの膝の動きに対して「ボークではないのか？」と確認をするためだった。しかし、大倉は「あの牽制はボークではない」と内心では理解していた。それは、代表初選出で奮闘しているアメリカの17歳投手に対してのデモンストレーションであり、まさに大倉流の「牽制」だった。

試合が動いたのは3回裏、日本の攻撃の場面。

一死からヒットで出塁した一番・六角彩子をバントで送り、二死二塁に。ここで打席に入ったのは三番・三浦伊織。女子プロ野球JWBLにおいて、このとき5割超のアベレージを誇っていた三浦の放った打球が三遊間に転がる。

しかし、これをアメリカのショート、ゴルタレスが弾く。それを見た清水コーチが右手を大きく回すと、六角は躊躇《ちゅうちょ》することなく三塁ベースを蹴って本塁へ。相手のミスに乗じた日本らしい野球で待望の先制点を挙げた。

日本は5回裏にも、二死二、三塁から二番・厚ヶ瀬のセンター前タイムリー、さらに二死一、三塁の場面で盗塁を敢行。これは打者がわざと空振りをして、一塁走者は故意にスタートを遅らせる。捕手が二塁に送球すれば三塁走者はホームを狙うという、日本らしいいやらしい作戦だった。こうして、狙い通りに相手捕手の悪送球を誘ってもう1点を追加。

これで、得点は3対0、リードを3点とした。

「僕のめざす野球とは《準備と予測》をしっかりとした上で、より確率の高い作戦を選択する野

球です。選手たちにはこのことを何度も何度も伝えてきたつもり」（大倉監督）

この言葉通り、日本代表は合宿のたびに、打っては疑似《ぎじ》スクイズ、ディレードスチール、ダブルスチールからのランダウンプレー、守ってはピックオフなどの各種フォーメーションプレーを何度も何度も反復してきた。

松山で行われた合宿では、投手からのセカンド牽制が暴投になったふりをして、相手二塁走者を欺《あざむ》く練習まで行った。マウンドの投手が振り向きざま、セカンドに牽制球を投じる振りをする。実際にはボールを投げていないにもかかわらず、ベースカバーに入った遊撃手は大きくジャンプして、ボールを逃したそぶりを見せる。そこでもし、走者が三塁に向かう様子を見せたら、投手はすぐに、ベースに入っていた二塁手にすばやい牽制球を投じてアウトを狙うという練習だった。

（こんなケース、大会中に本当にあるのかな……）

セカンドの出口は思っていたが、こういう事態が実際に起こるのか、起こらないのか。そんなことは問題ではなかった。大倉の狙いは「日本代表は、こんな細かいことまで想定した野球をめざすのだ」という選手たちの意識改革にあり、同時に「私たちはここまで練習したのだから何が起こっても大丈夫」と自信を植えつけることにあったからだ。

この大事な決勝戦で、まさにこれらの成果が花開いた。

一方、この日の里は最速119キロのストレートと低めを丹念につく得意のスライダーでアメリカ打線を翻弄。セカンド・出口、ショート・厚ヶ瀬の鉄壁の二遊間の好守にも助けられて、危な気のない投球が続く。

最大の見せ場は6回表、アメリカの攻撃の場面だった。

一死一塁、打席に入ったのは「世界の大砲」と称される四番のタマラ・ホームズだった。今大会では精彩を欠いていたものの、過去の実績は十分な大打者が右打席に入る。このとき、打球傾向を把握していたセカンドの出口がセンター前に抜ける打球を止めるべく、セカンドベース寄りに守備位置を変えた。

そして、ワンボール・ワンストライクからの3球目。ホームズの放った強烈な打球はピッチャー里の足元を抜けて、センター前へと転がった。いや、センターに抜ける寸前で、出口が果敢にダイビングすると、ボールはグラブに収まった。泥だらけになりながら、出口がセカンドの厚ヶ瀬にトス。厚ヶ瀬は落ち着いてファーストに転送。見事なダブルプレーだった。泥だらけの出口と、華麗なスローイングを披露した厚ヶ瀬がハイタッチを交わしてベンチに戻る。

これぞ、まさに日本の野球だった。

守っては制球力のある好投手を中心に鉄壁のディフェンスを誇り、打っては相手のミスを誘発する緻密な作戦を繰り返して1点をもぎ取る。まさに大倉がめざしてきた野球が、この決勝の大舞台で展開されることとなった。

そして、16時38分、里がこの日投じた86球目——。

アメリカの八番・マーストンの放った打球がショート厚ヶ瀬の前に転がる。これを難なくさばき、セカンドに入った出口にトス。

——ゲームセット。

この瞬間、日本のV4が決まった。今大会4試合目の登板となる里は重圧の中にありながらも、見事な完封勝利で2勝目をマーク。日本に栄光の大トロフィーをもたらした。勝利監督インタビューで大倉は言う。

「9月7日、1年前からこの日のためにずっと準備をしてきました。四連覇のプレッシャーがある中で、選手たちは本当に頑張ってくれました。全員が力を合わせて日本らしい野球ができました。心の野球、絆の野球、それがマドンナジャパンの底力です！」

決勝のアメリカ戦は、まさに大倉監督のめざす野球を体現した試合となった。ヒット7本で無失点のアメリカに対して、日本は散発4安打ながらも相手のミスに乗じて3得点。

MVPには4試合に登板し、12回を投げて無失点。決勝戦でも見事に完封した里綾実が獲得。最優秀防御率は代表初選出の笹沼菜奈、オールスター部門では最優秀先発投手に笹沼、遊撃手部門で厚ヶ瀬、外野手部門でキャプテンの志村と三浦が輝いた。

＊

6回目のワールドカップは、マドンナジャパンの四連覇で幕を閉じた。

終わってみれば6戦6勝。そのうち4試合がコールド勝ち。6試合の総得点は63で、総失点はわずか2。強力打線が爆発し、豪華投手陣と鉄壁の守りがそれを支える理想的なチーム編成だった。結果だけ見れば、「日本強し」の印象が強烈に残る大会となったが、6日の2次ラウンド2戦目、7日の決勝戦は両日ともアメリカ相手に息詰まる一戦となった。

一発勝負の世界において、日本とアメリカのどちらが勝ってもおかしくなかった。


重圧の中で見事に戦った20名のマドンナジャパン戦士たち——。

今大会を最後に代表から去る決意をしているベテラン選手もいる一方で、二冠に輝いた笹沼をはじめ、石田悠紀子《ゆきこ》（新波）ら新戦力の台頭も目立った。あるいは、自分の立ち位置に迷い、答えを見つけ出せないまま大会に臨んだ新宮《しんぐう》有依《ゆい》（侍）もいれば、自らの役割を模索していた吉井萌美《もえみ》（平成国際大学）など、葛藤を抱えていた者もいた。

プロからは、中心選手として活躍した里綾実、川端友紀、三浦伊織、矢野みなみ、厚ヶ瀬美姫に加えて、投手陣の精神的支柱として活躍した中島梨紗、今大会ではあまり出番に恵まれなかったもののスーパーサブとして、西に万が一のときのために準備を続けた中村茜（ウエストフローラ）ら7選手がマドンナジャパン入りをした。

7名のプロ選手と13名のアマチュア選手の化学反応も今大会の妙味のひとつだった。

前回のカナダ・エドモントン大会に引き続き、今回のマドンナジャパンも強かった。しかし、その裏ではさまざまな人々の葛藤と努力が展開されていたことを忘れてはいけない。

20名の代表選手たちだけではなく、チームを率いた監督やスタッフ、代表候補に選ばれながら、「JAPAN」のユニフォームを身にまとうことのできなかった選手もいる。

日本代表四連覇の偉業の裏には何があったのか?

強く、凛々しく、美しく戦ったマドンナジャパン戦士たち。彼女たちの「内面」に改めて迫ってみたい――。

JAPAN

第2章 Madonna Japan

島育ちのMVP

里 綾実

島生まれ、島育ち、自称「野生児」の奮闘

左足首を負傷していたエースがこの日の86球目を投じる。

アメリカの八番・マーストンの打球はショート・厚ヶ瀬美姫《あつがせみき》の前に転がった。これを厚ヶ瀬は落ち着いてさばき、セカンドの出口彩香《でぐちあやか》にトス。

――ゲームセット。

この瞬間、マドンナジャパンの大会四連覇が現実のものとなった。

（あぁ、終わった……）

感情の高ぶりはなかった。疲れもなかった。ただ、安堵感だけがあった。雨のために試合開始時刻が23分遅れた。四回裏途中には20分以上も中断を余儀なくされた。

（それにしても、長かったな……）

そもそも、この日は本調子ではなかった。雨のために足元はぬかるみ、中断のために自分のリズムを作ることが難しかった。２回表には打球が左足首を直撃。痛みは最後まで引かなかった。それでも、日本のエースは最後までマウンドに立ち続け、アメリカ打線に得点を許さず、見事な完封劇で日本に優勝カップをもたらした。

目の前にはずっとバッテリーを組んできた西朝美《ともみ》が駆け寄ってきている。それを受け止める形

で熱い抱擁が行われる。すぐに、サード・六角彩子《ろっかくあやこ》、ショート・厚ヶ瀬、セカンド・出口、ファースト・川端友紀《かわばたゆき》が集まってくる。少し遅れる形で三塁側ベンチから、ともに戦い抜いたチームメイトが飛び出してくる。

（これで、私がMVPだな……）

興奮状態の中で、冷静な自分もいた。2年前のカナダ大会では決勝戦のマウンドに立つことができなかった。以来、「次回は必ず決勝戦で先発する」と心に誓った。そして、この日、その夢が実現するとすぐに目標を軌道修正し、「絶対に大会MVPを獲る」と決めた。

決勝戦の先発で勝利投手になって日本に優勝をもたらせば、確実にMVPを獲得できる。そんな思いでマウンドに立ち、見事なピッチングで勝利した。

そして、エースはMVPとなった。世界一のチームの世界一のピッチャー。

「決勝という大切な場面で先発を任せてくれた監督に感謝します。任された以上はしっかり投げようと思いました。バッターは点を取ってくれて、好プレーも連発してくれて、チームのみんなに感謝しています」

大会前に大倉孝一監督は言った。

「今では彼女はひとりだけレベルが違う投手です」

さらに、決勝戦終了後にはこう続けた。

「決勝リーグに入ってからは、彼女の決勝での先発は決めていた。予定通りにこの日を迎えて、予定通りの相手で、予定通りの投手がゲームをきちんと作ってくれた」

監督から全幅の信頼を得ている投手、それがエースだった。

里綾実《さとあやみ》──。

奄美大島で生まれ育ち、喜界島《きかいじま》でも生活し、そして現在は淡路島で暮らしている。島生まれ、島育ちの自称「野生児」のたくましく力強いピッチング、そして生き方。

マドンナジャパンのエースはどんな人物なのだろうか？

＊

1989（平成元）年12月21日、奄美大島で里は生まれた。

地元の信用金庫に勤務する父親の仕事の関係から島で生まれ、島で育った。四つ上の兄の影響で喜界島に住んでいた小学三年生の頃から、地元の「ガッツ喜界」で野球を始めた。小学六年生になる頃に再び奄美大島に戻るとすぐに、「名瀬オリオンズ」へ入団。

女子選手はひとりだけだった。それでも、投手として試合に出て鹿児島県大会で優勝した。福岡で行われた九州大会ではベスト16まで進んだ。

名瀬市立金久中学進学後はもちろん軟式野球部に入部するつもりだった。しかし、それまで女子部員はひとりもおらず、まったく前例がなかった。

（あれ、女子は入れないのか……。じゃあ、バスケにしようかな？）

入学当初はバスケットボール部に入部した。しかし、秋を迎える頃には、どうしても野球がやりたくなった。ダメでもともと、そんなつもりで先生に相談してみると、「別に女子はダメっていう決まりはないから入部してもいいよ」と言われた。

（こんなことなら、最初から相談すればよかったな）

当然、女子部員はひとりだったけれども、好きな野球ができるならば何も問題はなかった。入部して数週間後に試合があり、里はすぐに試合に出る。ポジションはピッチャーとサードでレギュラーになった。

小学生時代は男子相手に力で抑えることができた。しかし、中学生になって男子との体格差、筋力差が顕著になってくるとストレートだけでは抑えることができなくなり、スライダーとカーブの練習に励んだ。緩急の大切さを学んだのがこの時期のことだった。

やがて、高校進学の時期が訪れる。

迷いはなかった。小学三年生で野球を始めた頃から、まわりの人たちは口々に言った。

「女の子で野球をやるなら、将来はカミムラだね」

当時は「カミムラ」が、神村学園高等部のことを指しているとは知らなかった。でも、同じ鹿児島県にある神村学園のことは奄美大島の人間でも知っていた。

神村学園に行くことに何も迷いはなかった。しかし、15歳の里を悩ませたのは「女子野球をやるか、ソフトボールを始めるか？」という問題だった。

「当時は大学での女子野球部はあんまりなかったし、ソフトボールはオリンピックや実業団があったので、将来のことを考えたときに、〝野球よりもソフトの方が将来の可能性はあるのかな？〟って考えました。だから、中三のときには野球もソフトもどちらも体験入部をしました」

さんざん迷った挙句、里は決断を下した。

「野球を辞めて、ソフトボールを始めてみる……」

娘の決断に対して、異議を唱えたのが母だった。

「本当にそれでいいの？　隣のグラウンドで練習している女子野球部を見ていて、〝私だったら、もっと投げられるのに……〟とか思わない？　〝やっぱり、野球を続ければよかった〟と思わない自信はあるの？」

この言葉がずっと引っかかっていた。やがて、少女は考えを改める。

（たとえ、高校までしか道がないとしても、少なくとも高校三年間は大好きな野球ができるんだ。だったら、この三年間だけでも思い切り野球をやってみよう……）

野球を続けるという報告をすると両親は喜んでくれた。後のワールドカップＭＶＰ投手誕生へと続く、長い道のりの始まりだった——。

イップスに苦しんだ神村学園高等部時代

中学時代に男子の中でも遜色《そんしょく》なくプレーをしていたから、高校でもすぐに活躍する自信があった。けれども、なかなか出番を与えられなかった。三年生が引退し、新チームになり、「いよいよ私の出番だ」と意気込んでいた頃、神村学園女子硬式野球部・橋本徳二監督から「ピッチングフォームを変えてみないか?」と提案を受けた。

その頃の里のフォームはテイクバックが大きく、バッターからするとボールの出所が見やすいという欠点があった。その悪癖を直し、後ろを小さくするフォームに修正することを提案されたのだ。すぐにフォーム矯正に励んだものの、これが裏目に出た。

さまざまな試行錯誤を繰り返しているうちに、どうやって投げたらいいのかまったくわからなくなった。同時に慣れないフォームのために肩も痛めてしまった。仕方がないので「ひとまず、元に戻そう」としたが、今度は元の投げ方がわからない。

「この頃、ピッチャーだけでなくてサードもやっていたんです。サードからファーストへの送球はステップを踏んで投げられるから大丈夫なんです。でも、マウンドに立つともう投げられない、届かないんです。〝何とかしたい〟と思って、練習を続けてもキャッチャーも捕れないほどのボールばかりで、身体と気持ちがバラバラな時期が続きました……」

ひとつ上の代にはピッチャーがいなかった。必然的に二年生投手である里の出番が増えていく。それでも、満足な投球ができない。

「仕方がないので、マウンドにいるときにもサードから投げるように、ステップして投げるイメージを頭の中に描いて投げていました。これだと2回、3回は投げられるんです。でも、試合が進んでいくとそのイメージも続かなくなって、後半に荒れてしまって試合を壊してしまう。そんなことばかり繰り返していました」

こうして、里の出番は次第に減っていく。折しも、一学年下には06年の日本代表となる宮原臣佳《みか》（兵庫ディオーネ）や、08年ワールドカップでMVPを獲得する野口霞《かすみ》ら、有望な投手が入学していた。

里の一学年下はスター選手が多かった。

他にも厚ヶ瀬美姫、中野菜摘《なつみ》（埼玉アストライア）、そして宮原に野口。いずれも、里よりも先に日本代表として日の丸のユニフォームを身にまとっていた。後輩たちがどんどん注目を浴びる中で、里はイップスに苦しんでいた。悔しかった。自分もマウンドで力いっぱい投げたかった。けれども、その一方ではまったく正反対の思いもあった。

（投げたいけど、私が投げればチームは負けてしまう。私はサードのままでいた方がチームのためになるのかな……）

才能あふれる後輩たちとの差はどんどん開く一方だった——。

＊

ふとしたはずみでイップスになったように、回復のきっかけもまたささいなことだった。高校三年生になり、最後の一年を迎えた里は「このまま高校生活を終えたくはない」という思いから、半ば自棄《やけ》になっていた。

（どうせちゃんと投げられないのなら肩が壊れてもいい、肘《ひじ》が壊れてもいい、とにかく思い切り投げ続けてみよう……）

来る日も、来る日も投げ続けた。このまま故障して引退してもいいと思っていたから、ペース配分など考えなかった。こうしているうちに、思ったところに投げられるようになっていく。やがて、少しずつ投球の感覚を取り戻していくものの。それでも以前のようには投げられず、後輩たちの後塵を拝したままだった。

高校卒業を控えて、進路を考える時期に差しかかった。元々、体育教師に憧れていたから、大学に進み、教員免許を取りたいと考えていた。地元の鹿屋体育大学、あるいは上京して日本体育大学、卒業の年に誕生する南九州短期大学……。いくつかの候補の中から、里が選んだのが、西武ライオンズなどで活躍した新谷《しんたに》博監督率いる女子硬式野球部を擁する尚美《しょうび》学園大学だった。

「大学選びはギリギリまで悩みました。でも、決め手になったのは尚美に行けば教職課程も選択できるし、女子硬式野球部もあるということでした」

里が高校二年生の頃のことだった。東京ドームで行われた読売ジャイアンツのファン感謝デーで、ジャイアンツ対女子野球・高校選抜チームの試合が行われた。このメンバーに里は選ばれていた。それまで関東の高校チームとはまったく接点がなかった。初めて会う選手ばかりだったけれど、里は一方的にその選手たちのことを知っていた。

そこには、すでに日本代表として活躍している選手がたくさんいた。日本のトップレベルの彼女たちと同じチームでプレーするのは本当に楽しかった。

そのとき一緒にプレーした選手の多くが、その後尚美学園大学に進学していた。

(もう一度、あの人たちと野球がしたい……)

それが、尚美進学の大きな決め手となった。イップスの問題は根本的には解決はしていなかった。それでも、かすかな希望もあった。

(新しい環境に変われば気分も一新されて、私のイップスも……)

08年春、里は尚美の一員となった——。

悲願の代表入り。そして、プロリーグへ

大学に入ってすぐに、新谷の指導を受けて試合でも投げる機会を与えられた。

しかし、高校時代同様、試合序盤は調子がいいものの、中盤以降になるとまったくストライクが入らなくなる。ボールがぶれはじめるのでストライクがほしくなって、腕の振りが中途半端になる。たまに入るストライクは力のない半速球となり、あとはほとんどボールでは、試合にならなかった。

新谷の指導は厳しい。

「もういい、お前は投げんでいい」

冷たい言葉の一方で、ふとこんなことをつぶやいた。

「いいか、選手交代を決めるのは監督のオレだぞ。なのに、勝手に自分で交代の時期を決めるな。オレはお前にこの試合を預ける。いよいよダメだと思ったら、そのときは替える。それまでは何も気にせずに思い切り投げろ」

この言葉は、里の記憶にくっきりと刻まれることになった。

「このときの新谷さんの言葉で吹っ切れたんです。良くても悪くても、抑えても打たれても、それを選んだのは監督なんだから、〝私はもう知らない〟みたいな感じで（笑）。そうすると、〝どうしてもストライクを投げなきゃ〟と思わなくなってきて……。そこから少しずつ変わっていった気がします」

このときの新谷の考えはこうだ。

「ピッチャーってボールが何球も続くと、〝ストライクを投げなきゃ、ストライクを投げなきゃ〝ってあせってしまって、どんどん本来のボールを投げられなくなる。だから、最初に〝今日は何個フォアボールを出してもいいぞ〟って伝えておく。そうすることで、少し気持ちがラクになって、本来のピッチングをしやすくなるんです」

結果的に、新谷のこの言葉が里を救った。このときから少しずつ、本来の調子を取り戻し、大学一年の冬になる頃には、すでにイップスを完全に克服していた。

この間、里は08年第3回ワールドカップ松山大会の代表候補選手に選ばれている。このとき代表チームの投手コーチだった新谷の後押しが決め手となり、初めて代表ユニフォームに袖を通した。背番号は《71》。現役時代の新谷がつけていた《17》を逆にしたものだった。

しかし、途中まで候補選手として合宿に参加していたものの、大会直前にメンバーから外れた。潜在能力の高さは誰もが認めていたものの、何かが欠けていた。

「この頃はまだイップスの問題もあったので、自分でも自信はまったくありませんでした。もちろん、〝代表に選ばれたい〟と思う半面、〝もしも大事なところでミスをしたら〟という思いもあって。メンバーから外れたときには、ちょっとホッとしましたね」

この大会で日本代表は高校生が主体となって、ワールドカップ初優勝を飾る。大会ＭＶＰに輝いたのは神村学園の一学年後輩の野口霞だった。

代表選考から漏れたときには「ホッとした」里だったが、チームが一試合、一試合勝ち進んでいくのを見るにつれて、素直に喜べない自分に気がついた。

「大会期間中、練習のサポート役としてバッティングピッチャーをやったり、試合中はスタンドで応援の盛り上げ役を任されたりしていたんですけど、だんだん〝グラウンドに立ちたい〟という思いが強くなってきました。優勝の瞬間、グラウンドで選手たちが喜び合っているのを見て、〝あの場所に立ちたい。あの中で目立ちたい〟と思いました」

このときから、里の意識が変わった。

漫然と練習をするのではなく、常に「ジャパンのエースになるには何をすればいいのか？　何が足りないのか？」を頭の中で考えるようになった。

世界を代表する日本のエースが、いよいよ孵化しようとしていた——。

＊

10年の第4回ワールドカップ・ベネズエラ大会で里は初めて代表に選ばれた。続く12年の第5回ワールドカップ・カナダ大会では大事な場面を任されるようになった。

このとき、里に新たな目標が芽生える。

「カナダ大会の決勝でイソ（磯崎由加里《いそざきゆかり》）が投げている姿を見て、〝決勝戦で任せられるようなピッチャーになりたい〟と強く思いました。そのためにはもっとレベルアップしたい。だから、プロに行くことを決めました」

12年春に尚美学園大学を卒業した里は、女子硬式野球部を持つ京都の福知山成美《ふくちやませいび》高校の指導者となり、福知山成美高校職員として、カナダ大会に参加していた。中学時代から指導者になりたいと思い、その夢をかなえた。

しかし、指導に時間を取られるようになると自分の練習時間を確保することは難しくなっていた。ベネズエラ大会のときは大学三年生だった。日々の練習の中で身体がキレていることが自分でもわかった。しかし、大学を卒業して指導者になったカナダ大会のときには、自分でも本調子ではないことは自覚していた。

（もう一度、自分を追い込んで鍛え直したい……）

こうして、里はＪＷＢＬ（日本女子野球リーグ）に身を投じる決意をした。

プロ1年目の13年は身体作りに励んだ。アマチュア時代には少々、甘いコースでも抑えることができた。しかし、プロではコースを間違えれば間違いなく痛打された。ここぞという場面でのコントロール、勝負所での決め球の精度を高める重要性を痛感する。

元々自信のあったスライダーはさらに磨きがかかった。打者の手元でキュッと小さく曲がるボールに、プロの打者も翻弄された。

プロでのルーキーイヤーは29試合に登板して6勝10敗2セーブ、防御率は2・25という成績に終わった。防御率はリーグ5位とまずまずだったものの、勝ち星を拾うことができなかった。チーム事情があるにせよ、里の実力ならもっと勝ってもよかった。

しかし、この1年を通じて体調は万全に戻った。技術的にも長足の進歩を得た。すべてが準備万端で14年のワールドカップが始まろうとしていた――。

カナダ大会の決勝でイソが投げている姿を見て、
〝決勝戦で任せられるようなピッチャーになりたい〟と
強く思いました。そのためにはもっとレベルアップしたい。
だから、プロに行くことを決めました

——里 綾美

そして、決勝のマウンドを託された

今大会では次の7投手が代表入りしていた。

中島梨紗《なかしまりさ》（27歳・イーストアストライア）
磯崎由加里（23歳・侍）
新宮有依《しんぐうゆい》（23歳・侍）
笹沼菜奈（18歳・平成国際大学）
吉井萌美《もえみ》（21歳・平成国際大学）
矢野みなみ（25歳・ウエストフローラ）
里綾実（24歳・ノースレイア）

ベテランの中島は里と同様、カナダ大会終了後にプロ入りを決意し、さらにサイドスローに転向して、「私にとって最後のワールドカップ」に臨んでいた。役割としては先発投手が崩れた際のロングリリーフ、あるいはセットアッパー役を期待されていた。

磯崎は12年カナダ大会で決勝を投げ、大会MVPを獲得していた。当然、今大会でも先発投手候補のひとりと目されていた。そして、埼玉栄高校時代に磯崎と同級生だった新宮は自慢のストレートを武器にした速球派として三大会目に臨んでいた。

平成国際大学のふたりはともに埼玉栄高校出身のサウスポー投手だった。吉井は前回大会に続いて二度目の代表入り。左のワンポイント、あるいはショートリリーフとしての起用が予想されていた。一方の笹沼は、首脳陣が「将来のエース候補」と期待している左の本格派だった。重量感のあるストレートで相手打者を圧倒するピッチングは大いに期待できた。

プロから選出された矢野は前年の13年に新人王に輝いた右の先発候補。代表初選出ながら、今大会でも、磯崎とともに先発投手として登板することになることだろう。

そして、里は体力的にも、代表歴においても、まさに脂が乗り切っている時期にあった。先発ローテーションを任せることもできるし、ピンチの場面でのリリーフも可能だった。さらに、周囲が「野生児」と言うように、連投も厭《いと》わない無尽蔵のスタミナが持ち味だった。

ワールドカップ本番では、事前に大倉孝一監督から「どこででも投げられるように準備をしてくれ」と告げられていた。

相手チームのレベルを考えれば、日本投手陣の実力は群を抜いていた。おそらく、誰が先発しても試合を作ることはできるだろう。しかし、一発勝負の世界大会において、一点を争う緊迫した場面が訪れた際に、本当に頼りになるのは里しかいなかった。

里の経験、実績を考えれば、大倉が「どこででも」と考えるのは当然のことだった。

＊

大会が始まった。事前の予想通りにマドンナジャパンは圧倒的な強さを誇った。戦前に大倉がイメージしていた通りの展開で投手起用も進んだ。

《一次予選》
9月1日……◯14対0●（オーストラリア戦／矢野―吉井―里）
2日……◯19対0●（香港戦／笹沼―中島―吉井）
3日……◯14対0●（ベネズエラ戦／磯崎―矢野―里）
《二次予選》
5日……◯12対2●（カナダ戦／磯崎―里）
6日……◯1対0●（アメリカ戦／笹沼―吉井―中島―矢野）

初日から無傷の5連勝で、マドンナジャパンは決勝に進出。ここまで一度も先発のなかった里が、大倉監督に呼ばれたのは6日のアメリカ戦の試合前のことだった。

笹沼が先発する6日の試合で、日本が仮に敗れても翌7日の決勝でアメリカと当たることが決まっていた。これもまた大倉のゲームプラン通りの展開だった。

大倉の見解を聞こう。

「僕は誰が何と言っても、里がこの大会のナンバーワンピッチャーだと思っていました。ボールの勢いやコントロールだけじゃなくて、相手に向かっていく姿勢、牽制《けんせい》などの細かい技術、そして人間性も含めて日本で最も優秀なピッチャー、日本のエースは里でした。だから、初めから里を決勝で先発させることは決めていました」

決勝は里に決めていた。では、6日のアメリカ戦で笹沼を起用した理由は？

「アメリカと2戦続けて戦う可能性があったから、（6日の）最初のアメリカ戦では里を相手に見せないつもりでした。では、6日の先発はどうするか、将来のことを考えて、笹沼か矢野を投げさせたかった。でも、これまでの経験や年齢を考えると、もしも矢野を先発させてノックアウトされたときに、笹沼にリリーフをさせることは怖かった。ならば、笹沼で行けるところまで行って、もしも崩れたら矢野を投げさせるつもりでした」

ところが、笹沼は見事なピッチングを披露した。5回を投げて、アメリカ打線を無失点に抑えた。この試合をベンチで見ていた里も、笹沼の力投には勇気づけられた。

「もしもあの試合でアメリカに負けていたら、次の日の決勝戦はもっとプレッシャーがかかったと思いますね。外国のチームは勢いに乗ると怖いから。とはいえ、ギリギリの試合だったので、実際はマイナスのイメージしか浮かびませんでしたけど（笑）」

翌日の決勝戦の登板を控えて、里は自分自身に何度も言い聞かせた。

（大丈夫、こっちは今日勝っているんだから。日本はアメリカに勝ったんだから……）

まるで、家族といるような温かい空間で……

決勝当日を迎えた――。

ボーッとしていると、つい「もしも、高校時代のようにまた投げられなくなったらどうしよう？」とネガティブなことを考えてしまう自分がいた。だから腹式呼吸をして、意識的に「今日はいつも通りの試合。いつものように先発するから、いつものように準備するだけ」と自分に言い聞かせた。

10時35分、選手たちが宿泊地であるラグゼ一ッ葉から現れた。

試合後のにぎやかなバス車内とは打って変わって、球場へ向かう選手たちは無言のままだった。里もまた引き締まった表情のまま、小雨が間断なく降り続けている車窓を無言で眺めている。このとき、里が手にしていたタオルには「総力結集」の刺繍が施されていた。それは、尚美学園大学時代のものだった。

木の花ドームでの試合前練習で、里は吉井とともにライトポール付近でキャッチボールを行った。少しだけ白い歯がこぼれたものの、やはりその表情は硬い。

試合開始は14時の予定だったが、雨は一向にやみそうにない。試合開始が遅れるのは間違いなかった。会場であるサンマリンスタジアムではオーストラリアとカナダとの間で3位決定戦が行われていたものの、雨天中断でなかなか試合が進まない。そこで、急遽IBAF（国際野球連盟）は3位決定戦を中断し、別会場であるアイビースタジアムに振り替えて、決勝戦を14時ではなく14時20分スタートに変更した。

状況が二転三転する中で、どうやってメンタルを整えていくのか？　決勝を任された先発ピッチャーにとって、過酷な時間は続いた。しかし、里の様子に変化はない。平然としたままで黙々とウォーミングアップを行っていた。里は、事前に大倉監督からミーティングで言われた言葉を反芻していた。

――いいか、自分でコントロールできないことは受け流せよ！

大倉の教えを忠実に守っていた里がグラウンドに現れたのが13時30分のことだった。観客席から「里さん、頑張れ！」と声援が飛ぶと、里は笑顔で小さく手を振った。

＊

14時23分、試合が始まった。

アメリカの一番・ハーバートに投じた初球、まったくいつもの感覚と違った。

（あぁ、変化球が抜けちゃう。今日は調子が悪いな……）

このとき、里は大学時代の恩師である新谷博の言葉を思い出していた。

――ピッチャーなら、調子がいいときも、悪いときもあるもの。ダメなときにはダメなりに自分の力を出し切ること。

変化球のコントロールに不安がある。ならばムキになって変化球勝負を挑むのではなく、コントロールを重視してストレートを活かしながら丁寧に投げていこう。丁寧に投げて、ゴロを打たせれば、自分の後ろには頼りになるバックが控えている。

そう切り替えて、里はピッチングを続けた。

幸いだったのはハーバートから三振を奪ったことだった。

「私自身も完璧な状態ではないけど、相手も私のボールについて来れないと思えたので、丁寧に投げていれば何とかなるだろうと考えるようにしました」

初回は二死から連打を浴びた。それでも里は平然としていた。

「調子がいいのにそれを打たれたらあせると思うんですけど、最初から調子は悪いと思っていたので、〝悪いんだから打たれて当然〟と割り切っていました」

2回一死、七番スナイダーにスリーボール・ワンストライクから投じた5球目。猛烈な打球が里の左足首を直撃した。すぐにマウンドを駆け下りてボールを拾い一塁に投じる。打者をアウトにしたものの内心では（ヤバイ、痛いよ〜）と思っていた。

カナダ大会に続いてトレーナーを務めた中本真也は言う。

「打球が直撃した後、左足に体重をかけて立つことができる状態だったので、重症ではないと思いました。踏み込む足なので不安はありましたけど、あの場面では本人の気持ちやチームの雰囲気を考えれば、なるべく流れを変えたくなかった。本来であれば圧迫を加えたアイシングを行うところですが、足首の動きが悪くなるのが嫌だったので圧迫はしませんでした。里選手はあまり痛みを訴える選手ではなかったので、無理をしていないかどうか、その後の表情や動き、球威など、痛みが出ていないか、注意して観察していました」

それでも、里は平静を装った。

なぜなら、「ワールドカップ決勝のマウンドに立つ」という2年前に抱いた夢を現実のものとした今、次なる目標は「大会MVPを獲る」と定めていたからだった。

「このときには、もうすでに大会MVPを狙っていました（笑）。それに、せっかく初回を0点で抑えて、この2回も三者凡退に抑えたのに、ここでピッチャーが代わったらアメリカに流れがいってしまいそうな気がしました。ホントは結構、痛かったんですけど、ここで流れを変えるのは絶対にダメだと思ったので、何とか投げようと思いました。あのときは痛みを超えるアドレナリンが間違いなく出ていました（笑）」

こうしたエースの自覚こそ、大倉が言う「人間性も含めて、一番優秀なピッチャー」と言わしめる、里ならではの魅力だった。

その力投に応えるように、日本打線はアメリカ先発・ヒューデックから1点を先制して、里を勇気づける。それでも、試練はまだまだ続く。

4回裏一死一塁、日本の攻撃の場面で雨脚が強まり、試合が中断されることになった。まったくリズムもテンポも生まれず、打球の当たった左足首はどんどん腫れが大きくなってくる。投手としては最悪のコンディションだった。しかし、ベンチ内の里はまったく、この状況を苦にしていないどころか、むしろ楽しんでいた。

「あのときは逆に、時間が空いた方が投げながら調整できるので、私にはよかったと思います。それに、ベンチ内も明るい雰囲気だったじゃないですか？　あの空間は私にとっては居心地がよかったですね」

ここまで言うと、里の笑顔が弾ける。

「大会期間中って、ずっとみんなで同じ空間で過ごしますよね？　そうすると、みんなで一緒に住んでいるというのか、みんなのことが好きになるんですよ。だから、グラウンドで試合をしているよりも、ベンチでみんなで一緒にいる方がホッとするんです」

困難な状況を困難とも思わずに、自分の力に変える強さ――。

里にはエースの資質が備わっていた。

宣言通りのMVP獲得！

試合再開後も、里の粘り強いピッチングはアメリカ打線を寄せつけなかった。

5回裏には厚ヶ瀬美姫のタイムリーで2点目。さらにチャンスを広げて、ディレードスチールを絡めた陽動作戦でアメリカのミスを誘って3点目を挙げて、3対0とリードする。

決して本調子ではなかった。それでも、新谷の「ダメなときにはダメなりに、自分の力を出し切れ」という教えを胸に投げ続けた。

雨による試合開始時間の変更、そして試合中断という、自分ではどうすることもできない不可抗力に対しては「自分でコントロールできないことは受け流せよ」という大倉監督の言葉を胸に、平然と困難をやり過ごした。

エースの力投はチームに勇気を与える。

打線はアメリカ投手陣から3点を奪い、バックも好守で里を守り立てる。5回表にはレフトの志村亜貴子が華麗なスライディングキャッチで観客を沸かせると、6回表には出口彩香のダイビングキャッチでアメリカ打線の流れを食い止める。

「四番のタマラを迎えたあの場面、ゲッツーを狙って低めに投げました。打球が私の足元を抜けた瞬間、〝出口ならいける！〟と思いました。あのときは普通に〝ナイスプレー！〟って言っていたけど、しばらくしてからビデオであのプレーを見て、〝出口、よく捕ったなぁ〟って、改めて思いました（笑）」

16時31分、アメリカ最終回の攻撃が始まる。

「試合途中までは最終回のことを考えて投げていたりするんですけど、3点リードしているし、私の後には準備しているピッチャーもたくさんいるし、〝もうギアを上げていくしかない〟って感じでした。疲れはなかったですね。中断から再開したあたりから、調子も戻っていました。でも、最終回は〝よし行ける！〟と思っていたら。いきなり先頭打者にヒットを打たれました（笑）。小学校の頃からピッチャーをやっているけど、よく打たれるんです、最終回に。マウンドで、つい〝あぁ、やっぱり〟って自分で思っていました」

この瞬間、ベンチから大倉監督が飛び出した。

「早く試合を終えたい気持ちはわかる。ここはお前に2点やる。あのランナーはいないつもりで思い切り投げてみろ！」

大倉の言葉を受けて、マウンド上の里とキャッチャー・西朝美が笑顔になる。バッテリーに心の余裕が生まれる。ここまでくれば、すでに勝負は決していた。

16時38分、この日、里が投じた86球目、アメリカの八番・マーストンの打球がショート・厚ヶ瀬美姫の前に転がる。セカンドベースに入った出口彩香に丁寧にトス。

この瞬間、マドンナジャパンの四連覇が現実のものとなった。見事な勝利だった。マウンド上で、里は大きくガッポーズをとる。キャッチャーの西が里に抱きつく。

歓喜の中で、里は（あぁ、長い試合だった）と安堵していた。そして、同時にこんなことも考えていた。

（決勝で完封。間違いなく、私がＭＶＰだな……）

日本のエースは、最後の最後まで冷静だった。

第3章 Madonna Japan

泥と華

出口彩香、厚ヶ瀬美姫

天才内野手の火花散る争い

――今大会においての名場面は？

そう尋ねると、誰もが口にしたのが決勝のアメリカ戦・6回表、セカンドの出口彩香《でぐちあやか》がダイビングキャッチでダブルプレーを成立させた場面だった。

得点は3対0で日本がリード。アメリカの攻撃はあと2回残っている。6回表一死一塁の場面で打席に入ったのはアメリカの四番・タマラ・ホームズだった。これまでの大会において、日本投手陣は何度もタマラに手痛い一発を喰らってきた。

グラウンド上の選手たちに、そしてベンチに緊張が走る。そして、ワンボール・ワンストライクからの3球目。タマラの打球は里の足元を襲う力強い一打となった。誰もが「やられた」と思った。と同時に「長打でなくてよかった」と安堵した。

しかし、宮崎・サンマリンスタジアムに集った1万4000人の観客たちは、次の瞬間、信じられない光景を目にする。あらかじめセンター寄りに守っていたセカンドの出口が、ぬかるんだグラウンド上でダイビングを試みると、白球はグラブに見事収まった。

ユニフォームの胸元を泥だらけにしたまますぐに立ち上がると、セカンドベースに入ったショートの厚ヶ瀬《あつがせ》にトス。厚ヶ瀬は軽快なステップでファーストに投じて、見事なダブルプレーが成立した。

　マウンドの里綾実《さとあやみ》は、後に「あれが抜けていたら本当に危なかった」と語り、三塁側ベンチで戦況を見守っていた清水稔《みのる》コーチは「出口が飛び込んだ瞬間、涙が出てきた」と語る今大会屈指の名場面となった。前回のカナダ大会ではショートのレギュラーとして大会ベストナインに輝いた出口は、今大会では慣れないセカンドを守っていた。

　なぜか？　それは、出口ですら「私にはかなわない」と言わしめる「世界のショート」、厚ヶ瀬美姫《みき》が代表復帰を果たしていたからだった。今大会では、世界を代表する守備の名手ふたりが、日本の二遊間を組んでいた。出口と厚ヶ瀬に同じ質問をする。

　――今大会で印象に残っている場面は？

　すると、ふたりは同じ場面を口にする。

「決勝のアメリカ戦、ゲッツーを決めた場面です！」

　出口彩香と厚ヶ瀬美姫――。そのプレースタイルは正反対だった。どんな打球でも身体を張って泥臭く止める出口と、常に軽快なプレーで見る者を魅了する華やかな厚ヶ瀬。

　泥と華――、ふたりの野球人生に迫りたい。

＊

「私、今まで一番印象に残っている試合が2年前のカナダ戦なんです……」

出口彩香の言う「2年前のカナダ戦」とは、2012（平成24）年8月17日のワールドカップ・カナダ大会、第7戦のことを指していた。

「……あの試合、30分ぐらいずっと守っていたじゃないですか？　ずっとピンチの連続で時間の感覚がなくなってきたんです。それまで、いろんな場面を経験したけど、あんなに辛い守備はありませんでした。あのとき日本代表として初出場だったし、一点を争うあんな大事な場面で守っていて、本当に辛かったです……」

地元開催ということで、この日の大観衆のほとんどがカナダの応援だった。

4回を終了した時点で得点は9対1、日本が圧倒的優位に立っていた。しかし、ここから試合は波乱を迎える。5回に2点を失って9対3に。それでもまだ日本有利のはずだったが、さらに、最終回にカナダ打線は大爆発。後手に回った日本投手の継投をあざ笑うかのようにヒットを連発。集中打を浴びせて、一挙に4点を奪った。

結局、緊急登板した大黒柱の里綾実が後続をピッチャーゴロに打ち取り、ホームゲッツーで何とかこの場面を切り抜けて、日本は薄氷の勝利を手にすることになる。出口が口にしたのがこの場面のことだった。

「あの満塁の場面、もし私のところに打球が飛んできたら絶対に腕が縮こまっていましたね。飛んでこなくてよかったです（笑）。でも、あの場面を経験していたから、今回の宮崎ではまったく緊張することはなかったですね」

この場面では出口のもとに打球は飛んでこなかった。けれども、この大会期間中再三にわたって彼女は好守を連発した。その姿を見て、アメリカやカナダの首脳陣が「日本のショートはすごい」と口にしており、そして出口は大会ベストナインに輝いた。

それから2年が経とうとしていた——。

＊

神村《かみむら》学園高等部時代の08年、高校三年生だった厚ヶ瀬美姫は日本・松山で開催された第3回ワールドカップで華麗な守備を連発していた。このとき、厚ヶ瀬は主にセカンドを守っていたものの、本職はショートだった。そして、日本代表はこのとき待望の初優勝を飾る。その中心のひとりだったのは、間違いなく厚ヶ瀬だった。

高校卒業後、一年のブランクを経て彼女は10年に発足した女子プロ野球リーグに身を投じる。するとすぐに俊足巧打の名ショートとして名を馳せた。当然、その実力は日本代表クラスだったものの、この頃はプロとアマとの交流はなく、プロ選手となった厚ヶ瀬は10年のベネズエラ大会において日本代表のユニフォームに袖を通すことはなかった。

そして、出口が代表初選出された12年のカナダ大会。厚ヶ瀬に久しぶりの代表復帰のチャンスが訪れた。この大会で初めて、プロとアマとのドリームチームが結成されることが決定し、プロリーグを代表して選出された6名の中に厚ヶ瀬も名を連ね、久しぶりにマドンナジャパンの一員として世界の舞台で戦うことになった。

しかし、厚ヶ瀬に試練が訪れる。

女子プロ選抜チーム対マドンナジャパン代表候補チームとの強化試合。プロ代表としてこの一戦に臨んだ厚ヶ瀬は一塁走者となった場面で帰塁の際に右肩を脱臼する。元々、痛めていた右肩はさらに悪化し、本来のプレーをすることができなくなった。

それでも、当時のマドンナジャパン・新谷《しんたに》博監督（元西武ライオンズなど）は「故障が癒《い》えれば大きな戦力になる」と厚ヶ瀬を代表招集することを決めた。

当時のことを厚ヶ瀬が振り返る。

「正直言えば、あのときは複雑な心境でしたね。強化試合の途中で、最悪な怪我をして満足に試合に出ることもできなかったし、怪我の状態もよくないことはその時点で自分ではわかっていましたから。当時、プロではキャプテンも任されていたので、大会期間中にそのままチームを離れていいのかも迷っていました……」

それでも、新谷監督をはじめとする日本代表スタッフは「大会直前まで、厚ヶ瀬の復帰を待ち続けたい」と宣言していた。しかし、そんな状況にピリオドを打ったのは厚ヶ瀬自身だった。混沌とした状況に終止符を打つべく、自ら「代表候補を辞退したい」と告げたのだ。

「自分のベストの状態を100だとしたら、脱臼してからは50とか60が精一杯でした。そんな自分がジャパンのメンバーに入ってもいいのか？　そこが一番悩んだ点でした。当時、二連覇を実現して三連覇をめざしている中で、50や60のパフォーマンスしか発揮できない選手は日本代表に選ばれるべきじゃない。連覇のかかった大事な場面で、もしもまた肩が外れて自分が足を引っ張ることになったら……。それが決断の理由でした」

それでも、周囲は「代表辞退」に反対する。当時の女子プロ野球リーグ代表は「もう一度、大きな病院で精密検査をしてみよう」と引き下がらない。仕方なく、別の病院で検査をしたところ、「ショートはもう守れません。ファーストなら何とかなるでしょう」と告げられた。自分の予想よりもはるかに重篤な診断を受けて、厚ヶ瀬は泣き明かした。この結果を受けて、周囲も厚ヶ瀬の決断を尊重せざるを得なくなる。

こうして10年に引き続き、12年もマドンナジャパンメンバーの中に厚ヶ瀬美姫の名前はなかった。12年のカナダ大会では、同じくプロから代表入りしていた川端友紀《かわばたゆき》、三浦伊織《いおり》らが大活躍して日本代表は見事に三連覇を成し遂げた。ショートのポジションには代表初選出の新鋭・出口彩香がはつらつとしたプレーを披露していた。

本来なら、そこに厚ヶ瀬の姿もあるはずだった。悔しさは募った。

「10年のベネズエラ大会のときには、大会期間中も積極的にインターネットで情報を得ていました。でも、12年のカナダ大会はインターネット中継もあったけど、一試合も見ていません。……

いや、一試合は見ました。母親と一緒に見ていたんですけど、〝やっぱり、消して〟って言って、途中で見るのをやめました。……ええ、悔しかったからです。モニターの中で友紀さんや伊織が活躍しているのを見て、〝本当だったら自分もこのバッターボックスに立っていたのにな……〟って思ったら、最後まで見ることができなかったんです……」

あれから、2年が経とうとしていた──。

ふたりの名ショート、初対面の瞬間

14年の第6回ワールドカップは日本の宮崎で行われることが決まった。

尚美《しょうび》学園大学四年生となり、キャプテンでもあった出口は、当然マドンナジャパンの正遊撃手の最有力選手だった。前回大会ベストナインとしてトライアウトを難なく通過し、代表合宿でも堂々たるプレーを披露していた。

しかし、その状況に変化が訪れる。前回大会に続いて、プロ選手から代表候補選手が招集されることになったのだった。そしてその中に、復調した厚ヶ瀬の名前もあった。故障以来、万全とは言えぬ状態が続いていた。それでも、天性の素質を持つ厚ヶ瀬は、それを感じさせない華麗なプレーで試合に出続けていた。

「厚ヶ瀬さんのことは、もちろん意識していました。自分が駒女（駒沢学園女子高）の一年のときに、厚ヶ瀬さんは神村学園の三年生でした。だから、ほとんど接点はないです。プロの試合を見ていて、厚ヶ瀬さんのプレーは〝きれいだし、華麗だな〟って思っていました。自分にはそういうプレーがまったくないので、いつも〝すごいな〟と感じていました。でも……」

少しだけ出口の口調が強くなる。

「……でも、球際は自分の方が強いんじゃないかとは思っていました。変なプライドかもしれないけど、それはいつも感じていましたね。厚ヶ瀬さんはとても上手だからこそ、いつも〝あの人にないものは？〟と考えていたし、〝自分はここなら負けない〟というものを持っていたいと……」

軽快さ、華麗さでは勝てない。ならば自分は、どんな球でも絶対に止める。たとえ、どんなに不格好であろうとも、絶対に後ろに逸らさない――。

その思いこそ、厚ヶ瀬に対抗するための出口ならではの矜持《きょうじ》だった。

一方の厚ヶ瀬による「出口評」を聞こう。

「出口とはまったく接点がなかったので、〝どんなプレーをするのかな？〟と興味を持っていました。もちろん、前回大会でベストナインに選ばれたことは知っていました。私自身、普段はショートに強いこだわりを持っていますけど、ジャパンではショートに対する強いこだわりは持っていませんでした。このときは相手が出口だったから、〝彼女にショートを任せて、自分はセカンドでもいい〟と思っていました。それは妥協じゃないんです。実際に彼女のプレーを見て、出口を認めているからこそ感じられた思いなんです」

互いに相手を認め、そして認められる関係。年齢は厚ヶ瀬の方が二学年上だった。プロでの5年間を含めれば、実績も知名度も厚ヶ瀬の方が上だった。それでも、出口にはプライドと実力があり、厚ヶ瀬もまた後輩の実力を認めていた。

それが、厚ヶ瀬と出口——ふたりの関係だった。

*

このふたりがマドンナジャパン代表候補として初めて同じグラウンドに立ったのが14年5月11日の岡山合宿2日目のことだった。前日のプロリーグの試合を終えて夜中に移動してきた女子プロ選手たちが、この日の朝、ついに岡山入りした。

「厚ヶ瀬さんの姿が見えたときは緊張しましたね。だって、厚ヶ瀬さんってクールじゃないですか、見た目は。だから、〝しゃべりづらいのかな？〟って思っていました。でも、実際に会ってみると、本当にしゃべりやすくて、イメージとは真逆の人でした。グラウンドでもいつも声を出してくれるし、一緒に組んでみてもすごくプレーしやすかったです」

初めて同じグラウンドに立った厚ヶ瀬も、間近で見る出口のプレーに注目していた。そして、すぐに評判通りのその実力を認めることになった。

「出口のすごいところはいっぱいありますよ。野球って、単なる凡打のゴロでもそのさばき方でチームの流れを変えることもあるんです。出口の場合は、ひとつのゴロに対してもすごく気持ちが入っているのが、見ている側に伝わってくるんです。これはサードを守っている六角《ろっかく》（彩子《あやこ》）もそうです。出口も六角も、一球に対する執念がものすごい。もちろん、執念はみんなが持っています。でも、このふたりは〝きれいに捕ろう、カッコよく捕ろう〟なんて、ひとつも考えていない。出口も、六角も絶対にボールを止める。何があっても全身で止める。そういう気持ちが伝わってくるんです」

どんな打球であっても、軽率にプレーしない。厚ヶ瀬の言う六角もまた、前回のカナダ大会で好守を連発、最優秀守備選手賞を獲得している。一球にかける思いを肌で感じて、同じ野球人として、厚ヶ瀬は出口のことをすぐに尊敬したのだった。

問題は出口と厚ヶ瀬、どちらがショートを守るのかということだった。どちらも、世界でベストナインに輝く実力の持ち主であることは間違いない。しかし、ポジションはひとつしかない。大倉孝一監督も悩んでいた。

前回大会にはトレーナーとしてカナダに帯同していた大倉は、出口の実力は間近で見て知っていた。一方の厚ヶ瀬は08年大会で監督として、彼女とともに初優勝を経験したものの、プロに入ってから、そして故障してからの現在の状態を正確に把握していなかった。

そして、岡山での代表合宿で改めて厚ヶ瀬のプレーを目の当たりにして、その悩みはさらに深まることになった。大倉は言う。

「今回のショートで言えば、出口、厚ヶ瀬、そして（川端）友紀と3人のレギュラー候補がいました。本来なら誰がショートを守ってもおかしくないメンバーです。そこはかなり悩みました。最初に考えたのは出口と厚ヶ瀬のどちらかをショートにしたら、もう一方はセカンドを守らせようと思いました。だから、まずは友紀に〝今回はファーストでの起用を考えている。どうだ、やれるか？ イヤか？〟と早めに尋ねました。すると彼女は〝イヤではないです。頑張ります〟と言ってくれた。これで、ショートを出口と厚ヶ瀬のどちらかにしよう、じっくりと見極めようと考えました」

しかし、この岡山合宿の段階ですでに出口は「自分はセカンドだ」と感じていたという。

「厚ヶ瀬さんが合流するまでは、清水（稔）コーチからは何も言われていなかったのに、プロが合流してからは〝セカンドとショート、どちらもできるようにしておいてくれ〟と言われました。そのときに、〝あぁ、厚ヶ瀬さんがショートで、自分はセカンドなんだな〟って感じて、そこからは気持ちを切り替えました」

——前回大会でベストナインに輝いたのに、結果的に厚ヶ瀬選手にショートのレギュラーポジションを奪われた。悔しさはありませんでしたか？

　そう問いかけると、出口はあっけらかんと笑った。

「プライドとか、そういうものは全然なかったですね。厚ヶ瀬さんに負けたっていうよりも、〝私はセカンドもできるんだ〟って、すぐにプラス思考に考えていました。勝手に自分の中で、〝セカンドはお前にしかできないんだ。お前じゃなきゃダメなんだ〟と言われているような、そういうイメージでとらえていました」

　こうして、5月の段階ですでに「セカンド・出口、ショート・厚ヶ瀬」の布陣は、ほぼ確定していたのだった――。

出口のためにも、世界一のショートになる！

　初めて間近でプレーした出口と厚ヶ瀬は共通の思いを抱いていた。

（私とは、まったく異なるプレースタイルだな……）

　出口と厚ヶ瀬、そのプレースタイルは両極端だった。

　厚ヶ瀬のプレーを見たときの思いを出口が振り返る。

「まず、とってもきれいですよね。すごく軽快で、どんな打球であっても軽く捕って、軽く一塁に投げる……。自分にはそういうプレーはまったくないですから（笑）」

前回も、今大会でも投手キャプテンを務めた中島梨紗《なかしまりさ》は、かつて言った。

「出口が後ろで守っているとピッチャーは本当に安心できるんです。あのコは不格好なんだけど、何があってもボールを絶対に逸らさない。身体を張って、何が何でもボールを止めてくれる。彼女の守備はチームに勇気を与えてくれるんです」

一方の厚ヶ瀬は言う。

「プレースタイルはまったく違いますよね。別に出口のプレーが汚いとか、カッコ悪いというわけではないですよ。だって私もプロに入るまでは出口みたいな選手でしたから」

10年にプロ入りして、この時点ですでに5年目を迎え、厚ヶ瀬には「プロとしてのプライド」が芽生えていたという。

「私はプロに入って、どれだけ美しいプレーを見せられるかということをいつも考えてきました。プロとしてのパフォーマンス力も大切だと思ったからです」

あまりにも軽快にボールをさばくために、しばしば「厚ヶ瀬のプレーは軽い」という批判を受けることもある。もちろん、本人もこうした声を承知している。

「よく、〝プレーが軽い〟とか、〝謙虚じゃない〟〝適当すぎる〟と言われますね。それは見る人によって感想は違うけど、私自身は一度も、適当にプレーしたことはありません。プロに入るまでは、〝とにかく止めよう。ダイビングしてでも止めよう〟と考えていました。でも、プロに入ってからはよっぽどじゃない限り、飛んだりはしませんね。むやみにダイビングはせずに、なるべく足を使ってボールに回り込むように心がけています」

かつて、東京ヤクルトスワローズの名ショートだった宮本慎也は「本当にうまい選手は、ファインプレーをファインプレーに見せないものだ」と語っていた。厚ヶ瀬の言葉は、まさにプロフェッショナルならではのものだった。

「本当に飛ばなきゃ捕れない打球というのも確かにあります。でも、きちんとステップを踏めば、飛ばなくても捕れる打球は飛ぶ必要はないんです。チームの流れを変えるために、わざと飛んで流れを変えることはあります。でも、足を使えば捕れる打球をダイビングで捕ったとしても、本当の流れは変えられないと、私は思っています」

日々の練習でノックを受ける場合、ノッカーのつま先を見れば大体の打球方向は読めてしまう。だからこそ、厚ヶ瀬はあえて最初の一歩を逆方向にスタートを切ってから打球を捕るように心がけているという。

「ノッカーの動きとは逆方向に動く、バッティング練習中に積極的に打球を受ける、常にスタートの一歩目を意識しながら練習をしています。同じ打球を相手のショートがダイビングで捕るのならば、私は絶対に飛ばない。必ず、足を使って捕球する。そんな思いはプロに入ってから芽生えました」

まさに、好対照なふたりがマドンナジャパンの二遊間を務めることになった――。

大会が近づくにつれて、マスコミ報道も増えてきた。

8月6〜9日にかけて行われた松山合宿では、大会中継を行う宮崎放送（MRT）が「代表メンバーに意気込みを書いてほしい」と企画して、大きな日の丸の旗を合宿所に持参した。選手たちが思い思いのフレーズを書いていく中で出口はこう記した。

——泥臭く

自身のプレースタイルを象徴する言葉を、出口は自らしたためたのだった。

「自分の中の《泥臭く》というのは、バッティングのことではなくて守備に込めた思いです。イメージとしては甲子園の高校球児かな？　自分は厚ヶ瀬さんのようなきれいなプレーはできないから、〝何か自分の武器を〟と考えたときに、真っ先に浮かんだのが〝格好がどうであれ、絶対に止める〟ということだったんです。マウンド上でピッチャーって常にひとりじゃないですか？　でも、〝後ろには出口がいる〟って感じてほしいんです。〝出口なら絶対に止めてくれる〟って信頼される選手になりたいんです。そんな思いを込めて、《泥臭く》と書きました」

ここまで言うと、出口の顔が弾けた。

「だって私、本当にカッコ悪いですよね。自分でもそう思いますから。バックハンドで捕ってからのジャンピングスローって、普通はカッコいいじゃないですか？　でも、自分の場合、ジャンピングスローでもカッコ悪いんです。これじゃあ、一生カッコいいプレーはできないですよね（笑）」

そして、こうつけ加えた。

「ジャパンでは隣が厚ヶ瀬さんだったから、余計に自分が不格好に見えますよね」

対する厚ヶ瀬は、大会が間近に迫るとともに同じフレーズを何度も口にした。

——世界一のショートになる！

その思いを本人に尋ねると、その表情が引き締まる。

「初めの頃は、〝出口がショートならば、私はセカンドでもいい〟と思っていました。でも、合宿が進むにつれて、この大会では自分がショートで、出口がセカンドなのだということはわかりました。きっと、出口だってショートを守りたかったと思うんです。だからこそ、その思いを踏みにじっちゃいけないと思ったし、出口が後悔しないような選手にならなきゃいけないと思いました。だったら、世界一のショートになるしかない。そんな思いから口に出たのが、〝世界一のショートになる！〟という言葉だったんです」

隣で泥だらけになりながら守っている出口の思いも背負って、厚ヶ瀬は久しぶりのワールドカップに臨む決意を抱いていた。

5月の岡山合宿以来、6月の宮崎合宿、8月の松山合宿と数度の代表合宿を繰り返すうちに、出口彩香と厚ヶ瀬美姫による二遊間コンビは目に見えてレベルアップしていくのが、よくわかった。初めは「セカンドの動きに慣れない」と笑っていた出口だったが、普段の尚美学園大学での全体練習が終わった後に、仲間たちに協力してもらってセカンドの練習を続けていくうちに、足の運びを身体で覚えていった。

「セカンドを守るのは中学二年以来だったので、ゲッツーの足の運びに慣れるのに時間がかかりましたね。〝あれ、セカンドってこんなに難しかったっけ？〟みたいな（笑）。でも、一塁に投げるということだけを考えればショートよりもずっと気楽でした。とにかくボールを止めさえすれば、たいていはアウトになりますからね。自分、守備が大好きなので、いつも守備のことばかり考えているんです。そうしていると、自分なりに〝こういう場合は、こう動けばいいんだ〟って発明があるんです。代表合宿の強化試合ではゲッツーの場面がほとんどなかったので、その点だけは不安でした。だから、尚美の仲間たちにつき合ってもらって、ゲッツーの練習は徹底的にしましたね」

こうした努力の成果もあって、7月になる頃にはすでに何も不安がないレベルにまで達していた。ショートには自分にはないプレースタイルを誇る厚ヶ瀬美姫がいる。そして、サードには驚異のディフェンス力を誇る六角彩子がいる。ファーストにはベテランの金由起子《こんゆきこ》、そして一塁にコンバートされた川端友紀が控える。

日本内野陣は、まさに「鉄壁」と言っていい布陣となった。

こうして、ついに大会本番を迎えることとなった。出口と厚ヶ瀬の二遊間コンビ、世界デビューの瞬間が近づいていた――。

世界を驚嘆させた、日本の二遊間コンビ

厚ヶ瀬にとっては08年以来、実に6年ぶりのワールドカップだった。当時は高校三年生だった彼女も、5年間のプロ生活を経て、すでにマドンナジャパンの中心選手となった。

「緊張感はまったくなかったですね。もう楽しみで仕方なかった感じ。12年のときは代表候補に選ばれたのに肩の故障で辞退して、親をはじめとして多くの人が残念がっていたので、その人たちの分も頑張る、悔いのないようにプレーしよう。そんなことを考えていました。ホントに楽しみばかりで、プレッシャーなんてまったくありませんでした（笑）」

かつては高校生だった。チーム最年少ではなかったものの、下から数えた方が早い存在だった。しかし、あれから5年が経ち、プレイヤーとしての円熟期に差しかかっていたからこそ、今回の代表チームが圧倒的に強いということを肌身に感じていた。

（このチームは強い。そして、チームワークも抜群だ。選手と首脳陣の間のコミュニケーションも問題はない。負けるはずがない……）

かつて一緒に戦った大倉監督が今回も日本代表を率いる。大倉は自分を温かく迎え入れてくれた。それも厚ヶ瀬にとっては心強かった。

「昔と比べて、大倉さんはおちゃらけ感が増していましたね、フフフ……。普段はすごくおちゃらけているのに、その分、切り替えが上手くて、あえてメリハリをつけようとしているのは私にもわかりました。大倉さんが進めてきたスモールベースボールは、より進化していたし、このチームは本当に強いだろうと思っていました」

脱臼癖のある右肩は万全ではない。それでも、「故障とのつき合い方を覚えた」と厚ヶ瀬は笑う。全盛時を100だとすれば、一時は50から60程度だった。それでも、無理のないトレーニングと調整法を覚えて80程度までには回復していた。

（この状態ならば、代表として恥ずかしくないプレーができるはず……）

そして、同時に「この状態で、世界でどの程度通用するのだろう?」という選手としての欲、好奇心も芽生えてきていた。

自信を持って、厚ヶ瀬は宮崎入りをしていた。

対する出口も「万全の状態でした」と胸を張る。

「高校のときはよく肩とか肘《ひじ》とか痛めていたんですけど、大学に入って体幹トレーニングを始めたら、本当にピタッと怪我がなくなったんです。守っていても、球際に強くなったというのか、体勢が崩れなくなりました。高校時代と比べるとどっしりした感じですね。調子ですか？　春先は全然打てなかったんですけど、大会前の8月の全国大会辺りから調子が上がってきて、大会直前は絶好調でした。怪我もないし、体調もいいし、とにかく元気でした（笑）」

前回大会では代表初選出ということもあり、海外での大会の流れについていくこと、チームに迷惑をかけないことを意識していた。しかし、前大会では中心選手としてベストナインに輝き、今大会では尚美学園大学の同級生である寺部歩美《てらべあゆみ》、高校時代からのライバルである兼子沙希《かねこさき》、下級生には笹沼菜奈、平賀愛莉《あいり》など、初めて代表入りする選手も多かった。

チーム内の決まり事、若手選手のすべきことをきちんと伝え、ベテラン選手との橋渡し役を買って出るつもりだった。大会前に大倉監督は出口と厚ヶ瀬にこう告げた。

「お前らには声でチームを引っ張っていってもらうからな」

その言葉を聞いて、「自分が頼りにされている」と出口は意気に感じた。

「元々、積極的に声を出して守備へのモチベーションを上げるのが自分のスタイルなので、声を出して盛り上げるのは全然、苦ではなかったです。それに、大勢の観客がいるとすごく嬉しくなっちゃうんです。むしろ、プレッシャーがかかる場面は大好きなんです（笑）」

＊

大会本番では出口も厚ヶ瀬もその持ち味を存分に発揮した。

そして、最大の見せ場が誰もが「あの場面は鳥肌が立った」と口にした決勝の対アメリカ戦・6回表、出口が魅せたあのダイビングキャッチだった。

「あの場面、打席に入ったのは四番のタマラでしたよね？　この大会で彼女はあまり打っていなかったみたいだけど、この日の第一打席で芯を食ったいい当たりでヒットを打ったんです。この日の里さんは本調子ではなさそうだったから、〝ひょっとしたら……〟という思いはありました」

一死一塁、打席には四番のタマラ。すでに不惑を迎えて、全盛期を過ぎていた。それでもタマラの存在感は格別だった。このとき、出口の頭に「ある光景」がよぎった。

「事前に行われたアメリカ対カナダ戦を見ていたら、カナダの守備陣がみんな左側に寄っていたんです。それが頭にあったので、普段よりも一、二歩センター寄りに守りました。ほとんど、セカンドベース付近にいましたね」

そして、ワンボール・ワンストライクからの3球目。タマラのバットが一閃《いっせん》すると、痛烈な打球が里の足元を襲った。出口が振り返る。

「この瞬間、自分でも不思議なんですけど、打球がとってもスローモーションに見えたんです。里さんの足元を抜けて、ボールがポン、ポン、ポンとゆっくりと跳ねながら自分のもとに近づいてくるんです……」

試合開始前から断続的に雨は降り注ぎ、グラウンドはぬかるんでいた。それでも、まったく気にならなかった。打った瞬間、出口は「捕れる！」と確信した。

「打った瞬間、〝捕れるかも？〟と思って、気がついたらグラブにボールが入っていました」

この場面、ショートの厚ヶ瀬はどう見ていたのか？

「打った瞬間、冷静な判断だったら誰が見ても〝センター前ヒットだ〟と思うはずです。でも自分は〝デグなら捕るだろう〟と瞬間的に思いました」

出口なら捕る――。そう判断した厚ヶ瀬は何の躊躇《ちゅうちょ》もなく、ゲッツーを取るべくセカンドベースに向かう。出口がダイビングをして、白球を自分にトスするのが見えた。

「打った瞬間、〝デグなら捕る〟と思っていたくせに、実際にあんなにすごいプレーを目の当たりにしたら、〝やっぱ、こいつはスゲェな〟って素直に思いました（笑）。自分が感じたことがそのまま目の前で起こったので、この瞬間、鳥肌が立ちました」

ダイビングキャッチに成功した出口は、セカンドベースに入った厚ヶ瀬に、丁寧にボールをトスする。そのボールを厚ヶ瀬は軽快なステップで一塁へ。

完璧なダブルプレーだった。アメリカを意気消沈させるには十分すぎるプレーだった。

こうして、この試合を見事に勝利したマドンナジャパンは、見事に大会四連覇を成し遂げた。もちろん、出口と厚ヶ瀬だけではなく、すべての選手が好守を連発したからこそ、日本代表は6試合を戦い、失策はわずかに1という鉄壁のディフェンスを誇ったのだった。

それでも、すべての関係者が「あのゲッツーこそが、今大会の名場面だ」と口にする。改めて、当事者ふたりにこの場面を振り返ってもらおう。

出口の表情がさらに明るくなる。

「全部がたまたま重なってあのプレーができたんだと思います。もしも、自分じゃない選手があのプレーをしたら、〝あの人、ヤバイ。野球の神様が下りてきたよ〟って思うだろうけど、いざ、自分がやったとなると、もうたまたまとしか言いようがないんです。いろいろな人に褒《ほ》められてとっても嬉しいけど、やっぱりたまたまだと思うし、たぶん厚ヶ瀬さんならもっと華麗にアウトにしていると思うし（笑）」

この場面について尋ねると、厚ヶ瀬もまた笑顔になった。

「もしも自分があのときセカンドを守っていたら、絶対にあんなプレーはできなかったですね。あれはデグだからできたんだと思います。この大会は、セカンドには出口がいて、サードには六角がいて、ふたりの好選手に囲まれて、本当に楽しく野球ができました。久々のワールドカップはやっぱり楽しかったです」

ハイレベルなふたりの争いは、新章に突入

決勝戦終了後、ベストナインが発表された。セカンドの出口は惜しくも選出されなかったものの、ショートは見事に厚ヶ瀬が受賞した。大会前の宣言通り、彼女は見事に「世界一のショート」になった。

そして、大会終了直後には「大学を卒業してからの進路は未定」と悩んでいた出口は、15年から女子プロ野球の世界に身を投じることになった。

元々、プロに行くつもりはなかった。それでも、14年秋に行われたプロとアマが一堂に会するジャパンカップで敗退したことで、出口の闘志に火がついた。

「尚美の目標は、年に一度のジャパンカップでプロに勝つことなんです。だから、大学四年間の中で四年生のときが一番、きつい練習をしました。でも、結局はプロに負けてしまった。ここまでやって負けるということは、やっぱり自分もプロに入って、もっともっと上をめざさなければいけない。そう考えました」

もちろん、プロ側としても出口の加入は大歓迎だった。そして出口は京都フローラに入団し、すぐにショートのレギュラーポジションを獲得。実力を存分に発揮していたものの、リーグ事情から、14年後期には埼玉アストライアに移籍。なおも存在感を誇っている。

「今、世の中では厚ヶ瀬さんが有名だし、厚ヶ瀬さんの方がすごいと言われていますけど、やっぱり、同じプロの世界に入ったからには厚ヶ瀬さんには負けたくないです。自分のことを知らない人は多いと思うけど、〝出口もいるんだぞ〟っていうことは、ぜひアピールしたいです」

プロ入り6年目を迎えた厚ヶ瀬は、兵庫ディオーネの選手兼任コーチとなった。出口のプロ入りについて尋ねる。

「プロに入ったからには、さらに上をめざしてほしいです。そして、早くプロ野球界一のショートストップになってほしいです」

それは、何気ないひと言だったのだろう。しかし、この発言には「まだまだ自分が上だ」という自負が強烈に見え隠れする。

泥と華――。

ふたりの天才内野手の戦いは、すでに第二章に突入している――。

マウンド上でピッチャーって常にひとりじゃないですか?
でも、〝後ろには出口がいる〟って感じてほしいんです。
〝出口なら絶対に止めてくれる〟って
信頼される選手になりたいんです　――出口彩香

私はプロに入って、どれだけ美しいプレーを見せられるか
ということをいつも考えてきました。
プロとしてのパフォーマンス力も
大切だと思ったからです　――厚ヶ瀬美姫

第4章 Madonna Japan

めざしたのは、心の野球、絆の野球

大倉孝一監督、中島梨紗

選手たちに伝えたい、監督の考え

マドンナジャパン・大倉孝一監督が壇上に立つ。代表20選手の手元には、日の丸と一緒に「SAMURAI JAPAN」と描かれたファイルが置かれている。ページを繰ると、「侍ジャパン女子代表チーム【使命と目標】と見出しが打たれている。

侍ジャパン　女子代表チーム「使命と目標」

【使命】
「日本全国の女子野球選手の代表として、強い責任と強い自信を持ってあらん限りの力を日本代表チームに注ぐこと」
「日本代表チームの活動と結果で日本全国の女子野球の普及と発展に貢献すること」
「今まで経験したことのない充実感と感動を味わうこと」

【目標】
「世界四連覇に挑戦」

代表監督　大倉孝一

続くページをめくると、今度は「侍ジャパン女子代表チーム【心の準備20ヶ条】」と書かれている。大倉が、監督としてぜひとも選手に伝えたいことをまとめたものだ。

侍ジャパン　女子代表チーム「心の準備20ヶ条」

①日本代表チームの一員として、日本全国の女子野球選手に敬意を表し、公私とも責任を持って立ち振る舞わなければならないことを決意したか？
②日本代表チームの一員として、自分の役割をまっとうする決意をしたか？
③どんな厳しい状況下においても勝利を諦めず、闘志を燃やし続ける決意をしたか？
④自分自身の好不調にかかわらず、また自分自身にどんなアクシデントがあったとしても、謙虚に明るく前向きにチームに貢献することを決意したか？
⑤最高のコンディショニングを作るために最善の方法を準備したか？
⑥ピンチやチャンスでの自分を奮い立たせる心の言葉（セルフトーク）を準備したか？
⑦ベンチからネクストサークル、ネクストサークルからバッターボックスまでの間、また一

球一球の間、集中できるルーティーンを準備したか？

⑧あらゆるケースでの狙い球の絞り方、また考え方と打ち方を整理し、思い切り遂行する準備はしたか？

⑨追い込まれてからの考え方を整理し、中途半端なスイングにならないよう準備したか？

⑩決して見逃し三振をしない考え方と心の準備をしたか？

⑪凡打であっても、相手にプレッシャーをかけるために全力で走り抜く準備をしたか？

⑫アウトのタイミングでも、何とか相手のタッチをかいくぐってやろうとする心の準備はしたか？

⑬スクイズの場面、ウエストされてもワンバウンドでも必ず成功させるという心の準備はしたか？

⑭サヨナラやランナー3塁の場面で、難しい打球に対して思い切りグラブを出すことや、全力で身体を張ることや、握れていなくてもアウトにしてやるという強い心の準備はしたか？

⑮絶体絶命のピンチにおいて、自分自身のベストの配球、そしてそのピンチに挑んでいくという強い心の準備はしたか？

⑯立ち上がりの過度の緊張や集中不足のないよう、前日からウォーミングアップ、そしてゲームの入り方を万全にする方法を準備したか？

⑰どんな局面でもミスを出さないため、隙を与えないため、隙をつくため、あらん限りの声

のつなぎをすることを準備したか？
⑱代表選手全員が「侍ジャパン　女子代表チーム」にとって必要不可欠な人材であることをチーム全員が認識し、強い心のつながりを持つことを誓ったか？
⑲どんな結果になろうとも、チームのために自分自身のあらん限りの力を発揮し、メンバー全員と協力し合うことを誓ったか？
⑳大会終了後、自分自身が全力を出し切った満足感をチーム全員で分かち合うことを誓ったか？

全20項目を選手たちは黙々と読み込んでいる。そして、大倉は選手たちに自らの考えをノートにまとめた上で、後日提出するように指示を出した。

はたして、選手たちはどんな回答を寄せてくるのか？

そして、どうして大倉はこうした一連の作業を選手たちに課したのか？

＊

1962（昭和37）年、岡山県倉敷市で大倉孝一は生まれた。

地元の玉島西中学二年の秋に、初めてキャッチャーを任された。以来、玉島商業高校、駒澤大学と捕手ひと筋の野球人生を送った。大学時代はレギュラーにはなれなかった。回転のいいボールを投げることが評価されて、来る日も来る日も、バッティングピッチャーを務めたことで肩を故障。それ以来、満足なスローイングができなくなった。

当時、駒澤大学を率いていたのは名将・太田誠だった。控え捕手の大倉は在学中、太田とまともに会話を交わしたことはなかった。圧倒的な威圧感とカリスマ性を備えた大監督を間近に見た経験は、後に大倉の「監督像」に大きな影響を与えることになる。

大学卒業後は、太田の計らいで社会人野球の名門・日本鋼管福山（現JFE西日本）で野球を続けることになった。まともに言葉は交わしたことはなかったものの、細かい気遣いができて、真摯《しんし》に野球に取り組んでいる大倉の姿勢を、太田監督は評価していたのだ。

入社当初の目標は「30歳まで現役を続けてレギュラーをめざすこと」だった。その一方で、チームに入ってすぐに、ムードメーカーとしてまわりを明るくする役割を率先して買って出た。そして、入社から6年が経ち27歳になる頃、大倉はついにレギュラーポジションを獲得。兼任コーチを歴任した後に32歳まで現役を続けた。

高校を卒業してからの十年間、大倉の野球人生は「補欠人生」でもあった。そして、現役晩年の5年間は「レギュラー」としての野球人生を過ごした。

若いうちに「補欠」の、ベテランになってからは「レギュラー」の視点を持ったことは後の指導者人生において大いに役立つことになる。

その後、37歳のときに自身の夢を実現するべく、会社を辞めた。

身体の仕組みを学ぶために専門学校に入学して解剖学と物理学を2年間学んだ。独立して、自分の理想とするスポーツカイロプラクティックの治療室をオープンし、同時に後進を指導するトレーナー学院を開設するためだった。

専門学校で勉強を続けていた2000（平成12）年、大倉のもとに運命的な連絡が入った。大学時代の先輩である広瀬哲朗（元日本ハムファイターズ）からの電話だった。

――女子野球日本代表のセレクションを手伝ってくれないか？

このとき、初めて大倉は「女子野球」の存在を知る。

初めは（女に野球ができるのか？）と半信半疑だったものの、懸命に白球を追いかける女子選手たちの姿を目の当たりにして、すぐに自分の非礼に気がついた。環境に恵まれない中で、それでも野球を続けている選手たちを見て、彼女たちのひたむきさに胸を打たれた。当初は単なる「手伝い」のはずだったものが、01年にコーチに就任すると、05年暮れには監督として招聘《しょうへい》されることになる。

ここから、大倉の本格的な「女子野球ロード」がスタートすることになった――。

中島梨紗にサイドスロー転向を勧めた理由

06年、第2回女子野球ワールドカップ・台湾大会――。

灼熱の台湾で、初めて僕は大倉と会った。僕にとっては初めての国際大会取材であり、世界の女子野球事情に直接触れる最初の機会だった。

この大会で初めて、今もなお現役マドンナジャパンとして活躍する西朝美《ともみ》、金由起子《こんゆきこ》、志村亜貴子、中島梨紗《なかしまりさ》のプレーを間近に見た。日の丸を背負って世界の舞台で戦っている彼女たちの姿を見て僕もまた胸を打たれ、その後女子野球にのめりこんでいくことになる。

8月6日、アメリカとの決勝戦は息詰まる熱闘となった。投手陣が早々に崩れて0対10という一方的な展開になりながら、日本代表チームは怒涛の追い上げを見せて10対10に追いつくものの、延長戦で力尽きて第1回大会に続いて準優勝に終わった。大会終了後、大倉の暮らす岡山に行き、数日にわたって話を聞いた。このとき大倉は言った。

「これまで僕の話していたことは、彼女たちにとっては《宇宙語》だったんじゃないかな（笑）。でも、これだけ何度も何度も繰り返していたら、少しは《日本語》に聞こえ始めているんじゃないかと思いますよ。まだまだこれからですよ」

08年の第3回・日本大会の際には大倉に密着取材を行い、大会期間中の彼の心の機微を探ろうと努めた。そして、この大会で初めて日本代表チームは世界一に輝いた。

「この大会を通じて、僕もまた選手たちからいろいろなことを教わりました。まだまだ監督としては未熟なところはあるけれど、この優勝を僕は誇りに思います！」

その後、大倉は10年の第4回・ベネズエラ大会でも指揮を執り見事に優勝。大会二連覇を成し遂げて勇退する。12年の第5回・カナダ大会では大学の後輩である新谷《しんたに》博（元西武ライオンズなど）に監督の座を譲り、自らはトレーナーとして選手たちのケアに当たった。この大会で新谷も見事に勝利し、マドンナジャパンは大会三連覇を達成した。

そして今回、諸事情により新谷が監督を降板したため、再び大倉に声がかかった。

「それまでの経験を買われて再び僕に声がかかったけど、僕自身はまったく新しい人を招聘してもいいと思っていました。それこそ、全然女子野球を知らない人でも構わないとさえ思っていた。それでも、声がかかったからには以前と同様に自分の野球をするだけでした」

大倉の求める野球――、それは「予測と準備」をしっかりした上で、より「確率の高い作戦を採る」というものだった。

そのためには、「大倉野球」を実践できる選手の招集がポイントとなる。今大会では全20名の代表選手のうち、プロが7名。代表初選出が6名という構成だった。プロ選手7名のうち、矢野みなみを除く6名はすでにマドンナジャパン経験者だった。

「僕の中では、金、志村、西という3選手は最初から頭にありました。この3選手は戦力としても計算できるし、新しいメンバーが入ってきたときにチームをまとめてもらうこともできる。西がバッテリーを、金が内野陣を、そして志村が外野陣をまとめる。そこで悩んだのがナカシでした……」

代表歴の長い「ナカシ」こと、中島梨紗は前回のカナダ大会では投手キャプテンとして、6名の投手陣を見事にまとめ上げた。カナダ大会終了後、25歳だった中島はさらなる飛躍をめざしてプロの世界に飛び込んだ。2大会ぶりに監督復帰した大倉は、今大会でも当然、投手キャプテンとして中島を代表に招集するつもりだった。しかし……。大倉は続ける。

「オーバーハンド投手としてのナカシは僕の中では戦力には入っていませんでした。それは、彼女が衰えたというよりも他のピッチャーのレベルがどんどん高くなっていたから」

このとき、中島はすでに27歳になっていた。世界大会で何度も登板した「経験」と「実績」、そして献身的にチームを支える「リーダーシップ」は誰にも負けないものを誇り、マドンナジャパンをひとつにまとめるための重要なピースのひとつであることは間違いなかった。

しかし、代表枠は「20」しかない。限られた枠の中で「戦力には入っていない」選手を代表入りさせるわけにはいかなかった。

そこで、大倉は「ある提案」をする。

——ナカシ、思い切ってサイドスローに転向してみないか？

「その前から、〝サイドにしたらどうだろう？〟とは思っていました。そうすればジャパン入りの可能性は出てくるし、彼女の野球人生にとってもプラスになるのではないか？　それで、ナカシに〝どうだ？〟と電話をしました。もちろん、彼女がオーバースローにこだわるのであれば、無理やりやらせるつもりはありませんでしたけど」

このとき、中島は「実は以前からサイド転向を考えていた」と語り、サイドスロー挑戦が決まった。参考にしたのは元巨人のエース・斉藤雅樹だった。動画サイトにアクセスし、何度もフォームチェックを行った。さらに、大倉の地元に行き直接指導を受け、その後は自分のフォームを録画した動画による指導が繰り返された。

そして、大倉はプロの試合を視察に行き、中島の状態を確認する。

（まだまだ課題はあるけれども、これなら代表入りも可能だろう……）

もしも、中島のサイド転向が失敗に終わっていたら、彼女は選手としてのマドンナジャパン入りはなく、コーチ登録としてベンチに入ることになっていたかもしれない。

しかし、中島はサイドスロー投手として新たに生まれ変わり、マドンナジャパン入りを果たした。このとき、大倉も中島も、共通の思いを抱いていた。

──これが、最後のマドンナジャパン入りとなるだろう……。

中島梨紗にとっての「最後の夏」が始まろうとしていた──。

「心の準備20ヶ条」に込めた思い

マドンナジャパン20選手が決定した後、大倉は全選手に「心の準備20ヶ条」と題した文書を手渡した。その意図を本人が振り返る。

「僕は試合に臨むときに、〝これぐらいは打たれるだろう。これぐらいは点を取られるだろう〟とか、〝なかなかヒットが出ない。点数が取れない〟というのは想定内なんです。でも、僕がもっとも怖いのは想定しないようなポカが出ること。想定外のミスが起きれば、それは敗戦に直結する。だから、選手たちに改めて気持ちを整理してほしかった。自分がやるべきこと、自分が考えなきゃいけないことを再確認してほしかったんです」

大倉は全選手を前に言った。

「みんなは普段はエースで四番の選手ばかりだと思う。当然、そういう選手でなければジャパンには入れない。でも、ここに来たら《エースで四番》ではいられない。チームの犠牲になれない選手は、ここにいてもらう資格はない。あなたたちは二足の草鞋《わらじ》を履かなければならない。ひとつは自分のチームの顔としてプレーすること。そしてもうひとつはジャパンにおける自分の役割をきちんと自覚してプレーすること。これができない選手は、日の丸をつけてプレーすることはできないんだ」

今大会で初めて代表メンバー入りした兼子沙希《かねこさき》は、この「20ヶ条」の意図を「大倉監督は一人ひとりが何を考えているのか知りたいのだろう」と思い、同じく初選出の平賀愛莉《あいり》は「監督が大切に思っていることがこの20ヶ条なのだろう」と理解し、「だから、自分もこの考えを大切にしたい」と考えた。

一方、この「20ヶ条」を通じて、自身の野球観を改めて見直すきっかけになったのが、同じく代表初選出の石田悠紀子《ゆきこ》だった。

「最初にこの20ヶ条を見たときには、〝メンタルトレーニングの一環なのかな?〟と思いました。この質問に対して、自分の答えを書いているときには、〝自分は今まで何も考えずに野球をしていたんだなぁ〟と気がつきましたね。⑦のルーティーンについて書くときには、普段、どんなルーティーンを行っているのかわかっていなかったので、ビデオを見直して、自分のルーティーンに気がつきました(笑)」

初めて代表入りしたメンバーたちにとって、「大倉野球」を手っ取り早く知らせるためにも、この「20ヶ条」は大いに役立つこととなった。

一方、すでに「大倉野球」を十分理解している中島梨紗は、改めて一つひとつの質問に対して、思いを馳せながら熱心にペンを走らせていた。

①日本代表チームの一員として、日本全国の女子野球選手に敬意を表し、公私とも責任を持っ

て立ち振る舞わなければならないことを決意したか？

代表チームに選ばれたくても選ばれなかった選手は山ほどいるし、私たちはその悔しい思いをした選手の気持ちも忘れてはいけないし、「何であの選手が……？」と思われるような行動、言動を絶対にとらない。チームの中でも手本となるような行動をとる。

②日本代表チームの一員として、自分の役割をまっとうする決意をしたか？

チームのために、今、私は何ができるのか？　試合前、試合中、試合後、まわりを見て私がしなければいけないことは何かを考えて動く。それをまっとうする。

⑥ピンチやチャンスでの自分を奮い立たせる心の言葉（セルフトーク）を準備したか？

「今、目の前にあるできることに集中する」

⑱代表選手全員が「侍ジャパン　女子代表チーム」にとって必要不可欠な人材であることをチーム全員が認識し、強い心のつながりを持つことを誓ったか？

試合に出た、出なかったに関係なく、全員で戦っているんだという気持ちをもっともっと植えつけたいし、出ている選手9人にもベンチの選手の力の大きさを感じてもらえるようなチームにする。

⑲どんな結果になろうとも、チームのために自分自身のあらん限りの力を発揮し、メンバー全員と協力し合うことを誓ったか？

今までの全日本で学んだこと、私が持っている力のすべてをこのチームに注ぎます。

一つひとつの質問に対して、言葉を選びながら丁寧な文字で自身のノートに綴っていく。そして、最後の問いかけに対して、中島は次のように答えた。

⑳大会終了後、自分自身が全力を出し切った満足感をチーム全員で分かち合うことを誓ったか？

最高の満足感と感動を味わうために、できる限りの努力と勉強、そして準備をしていく！

こうした「中島梨紗の言葉」を見ていると、大倉がどうして「このチームにはナカシの力が必要だ」と力説するのかがよくわかる。冷静に全体を見渡した上で、自分のできることに献身的に取り組む中島は、マドンナジャパンにおいて必要不可欠な存在だった。

監督と選手との距離が近い「大倉野球」

宮崎での大会期間中も、大倉はそれまでとまったく変わらず自然体を貫いていた。

08年、松山大会以来、マドンナジャパン優勝のために、寝る間も惜しんで裏方として尽力してきた津司《つし》浩一は言う。

「大倉さんがイライラしたり、何かに当たったりしたことを見たことがありません。大会期間中も選手たちにはもちろん、僕らにも気を遣ってくれる。どうやって、ストレスを解消しているのか？　不思議に思うことがあります」

しかし、津司は気がついていた。試合から帰って自室に戻った後、大倉は誰とも会わずに独りで過ごす時間を大切にしていることに。だからこそ、その間は用事があっても大倉に連絡をすることはせず、彼が部屋から出てくるのをじっと待つことにしていた。

今回の大会は久しぶりの日本開催だった。

宮崎ブーゲンビリア空港での心のこもった歓迎セレモニーから始まり、宮崎県商工観光労働部、観光商工部、宮崎商工会議所、みやざきコンベンション協会など、さまざまな機関が有形無形の協力をしてくれた。選手たちの泊まっている「ラグゼ一ツ葉」は実に居心地がよく、選手たちにとっても快適な生活がサポートされていた。街を歩いても、テレビをつけても「頑張れマドンナジャパン！」と県を挙げて応援してくれていた。人前で弱音を吐くことのなかった大倉だが、そのプレッシャーは並大抵のものではなかったはずだ。

大会期間中、大倉は「どう、部屋で軽く呑まない？」と、いつも僕を誘ってくれた。大会期間中だから外出することもできず、気分転換がしたかったのだろう。大倉のストレス解消の役に立つのであれば、僕もまた何か協力したかった。そして、毎晩のように大倉監督、清水コーチ、そして津司団長とともに酒を酌み交わした。

ちょうど、テレビではその日の試合の録画中継が放送されている時間帯だった。

テレビを見ながら、その日の采配の意図、そして反省点が赤裸々に語られる。

9月1日、初戦のオーストラリア戦に勝利した日は安堵の表情を浮かべた。

「実はずっと頭の中がモヤモヤしていたんだよね。走ったり、泳いだり、とにかく汗を流して身体を動かして頭を空っぽにしてきた。でも、今日の2回表に一挙12点を奪って、ようやく頭がクリアに動き始めた気がしたよ。本当にロクのタイムリーで気がラクになったね」

初戦のオーストラリア戦で先制点を叩き出したロク――六角彩子《ろっかくあやこ》――に対する感謝の言葉を口にしながら、大倉は手元のビールを呑み干した。

あるときには、「大倉野球」の戦術について語られたこともあった。

「チームとして、いろいろな策を講じたいときには一、三塁の状況を作りたいんだよね。そうすればスクイズ、疑似《ぎじ》スクイズ、ディレードスチール、ランエンドヒット……、何でもできるでしょ。

逆に、〝このバッターに任せた！〟というときは二、三塁の状況を作りたい。うちの選手たちは、その辺りは十分わかっていますよ。頼りになりますよ」

テレビ中継の中で、実況アナウンサーがしきりに「大倉野球はスモールベースボール」と連呼していた。あるとき、大倉は言った。

「オレの野球はスモールベースボールか？」

それを受けて、清水も津司も「そうじゃないですか？」と応える。大倉は不服そうだ。

「オレは《大倉》だよ。《小倉》じゃないんだから、スモールベースボールじゃないよ。スモールベースボールというよりも、オレがめざしているのは《確率の野球》なんだけどな。より高い確率の作戦を選んでいく。そういう野球がやりたいんだ。ねぇ、《確率》って英語で何て言うの？」

「Ｐｒｏｂａｂｉｌｉｔｙじゃないですか？」

そう答えると、大倉は笑う。

「プロバビリティベースボールか……。ちょっと言いにくいな（笑）。やっぱり、スモールベースボールでいいか？」

テレビ中継を見ながら、大倉は清水とその日の場面を反芻《はんすう》する。そして、「今後、こういうケースはこうしよう」と確認し合う。津司は監督とコーチのために簡単なつまみを用意し、空いたグラスに酒を注いでいる。グラウンドでの緊張から解放され、真っ黒に日焼けした大倉から白い歯がこぼれる。３人の絶妙のコンビネーションで大会は進んでいった。

大会2日目の朝のことだった――。

（誰だ、こんなことをしたのは！）

大会初日を快勝して、ぐっすりとよく眠った朝だった。目覚めたところ、大倉は驚いた。自分の腹に人間の顔がマジックで書かれていた。

（津司ちゃんが選手たちに書かせたのかな？）

大倉の腹をキャンパスにして、人間の顔のイラストを描いた犯人はキャプテンの志村と投手キャプテンの中島だった。この写真はＬＩＮＥを通じて全選手に配信された。

大会2日目の香港戦を前に、球場で会った大倉は開口一番、僕に言った。

「ほら、この写真を見てよ。あいつらひどいことするだろう？　監督を何だと思っているんだよ。うちのチームには監督によるセクハラ、パワハラはないよ。だって、選手が監督にセクハラするチームなんだから（笑）」

そして、最後にこうつけ加えた。

「……これで、あいつらも一人前だな」

＊

06年台湾大会終了後、大倉に「理想とする監督像は？」と尋ねたことがある。その際に大倉は「監督には3つのパターンがある」と言った。

ENEOS

「監督には《超カリスマ監督》《スパルタ監督》《バランス優先型監督》があるんです。僕に、超カリスマ性がないことは自分でもよくわかっています。そして、女子選手に対して男性監督が超スパルタで押し通せないこともよくわかっているつもりです。そうすると、僕は常にバランスを考えて、彼女たちと接していかなければいけないのだと思います」

まさに、「バランス優先型監督」として、大倉は今大会も振舞った。

ひとたびユニフォームを脱げば監督と選手との距離が近く、それでいてグラウンドでは選手が監督を尊敬している。そこには、理想的な監督と選手の関係が築かれていた。

中島梨紗、最後の雄姿

9月6日、対アメリカ戦――。

この日、先発した笹沼菜奈はアメリカ打線を相手に見事な投球を披露し、5回を無失点に抑えた。その後、吉井萌美、中島梨紗、そして矢野みなみと継投して、日本投手陣はアメリカ相手に1対0で勝利する。

この日の試合はたとえ敗れたとしても、翌7日に同じくアメリカ相手に決勝戦を行うことは決まっていた。つまり勝敗は関係ない一戦ではあった。とはいえ、翌日も同一カードが行われるため、アメリカ打線を勢いづかせるわけにはいかない。さらに、翌日に先発することが決まっていた里綾実《さとあやみ》、リリーフの可能性のある磯崎由加里《いそざきゆかり》は温存しておきたいという思惑もあった。

さらに、もうひとつ、大倉にとって大切な思い——中島の代表最後の登板機会を与えたいという思いも強くあった。代表初選出の笹沼が早々に崩れれば、プロでの実績を誇る矢野をロングリリーフさせるつもりだった。左の技巧派である吉井は左打者へのワンポイント、もしくは1イニング限定のショートリリーフで起用するつもりだった。

問題は中島だった。この大会では大会2日目の対香港戦の二番手として登板していたものの、これまでの実績、日本代表チームへの貢献を考えると、格下の香港戦ではなく、強豪アメリカ戦を代表引退の花道にさせたかった。

(何とかナカシを起用する場面が作れればいいのだけれど……)

アメリカを相手に5回まで0点に抑えた笹沼の後を受けて、二番手として6回からマウンドに上がったのが吉井だった。一番・ハーベスト、二番・マーストンはともに左打者だった。大倉の頭の中にあったのは「一、二番を左の吉井で抑えて、三番の右打者をナカシに託そう」というゲームプランだった。

前回のカナダ大会では、代表最年少としてさまざまな気苦労があった吉井だったが、今大会では大学の後輩もメンバー入りし、前回大会よりも心の余裕が生まれていた。大会前には大倉から「今回はワンポイントでいくぞ」と告げられていた。すでに心の準備はできていた。

前回大会では「いつ呼ばれてもいいように」との思いから、ついついブルペンで投げ込み過ぎてしまった。だから今回は、ブルペンでは軽めの調整をして、「そろそろ行くぞ」と告げられてから、急ピッチで肩を作る調整法を身につけていた。

マウンドに上がる前に吉井は「左の一、二番を頼むぞ」と大倉に言われた。

一番のハーベストのセーフティーバントを難なく処理してワンアウト。しかし、吉井は続く二番・マーストンにフォアボールを与えてしまった。

（あぁ、これで交代か……）

吉井は降板を覚悟する。しかし、ベンチは動かない。

（あれ？　このまま三番にも投げるのかな？）

気持ちを入れ替えて打者に対峙しようとしたその瞬間、吉井は一塁へ見事な牽制球《けんせいきゅう》を投じる。

吉井の牽制は天下一品だった。一塁走者のマーストンはまんまとアウトになった。

その瞬間、大倉がベンチを飛び出してくる。

――ピッチャー、中島に交代！

この場面を大倉が振り返る。

「1対0の場面で一死一塁だと、ナカシを使うことはできなかった。あのまま吉井に投げさせるか、その後、矢野を使ったと思います。でも、あの場面で（吉井）萌ちゃんがよく刺してくれた。吉井が牽制でアウトにした瞬間、僕はすでにベンチから一歩出ていたから。吉井のあのプレーは本当に大きかった。彼女にはワンポイントとしての役割を期待していたけど、実際にワンポイントが必要な場面が本当に起こるのかどうかわからない。そうすると、吉井にも見せ場を作ってあげたかった。この場面、彼女は本当にいい仕事をしました」

マウンドに向かう中島は、この交代劇の意味を十分に理解していた。

「この日は、〝この回の3人目で行くぞ〟と言われていたので準備をしていました。でも、二番をフォアボールで出して、それでも監督は動かなかったから、〝もう私の出番はないんだな〟と思いながら、通路で準備をしていました。だから、牽制でアウトにした瞬間は見ていません。すると、〝ナカシ行くぞ！〟と聞こえたので、急いでグラウンドに向かいました。この瞬間から、鮮明に覚えているんです。私がベンチから出た瞬間、ものすごい歓声が聞こえたんです……」

これが代表としての最後のマウンドだということはわかっていた。緊張はなかった。ただ感激と感謝だけがあった。投球練習中にはすでに鳥肌が立っていた。

右打席に三番・アンダーウッドが入る。ここでも中島は冷静だった。そして、2球目にアンダーウッドが手を出し、平凡なセカンドゴロに倒れた。

代表最後のマウンド。じっくりと噛みしめた。その瞬間、こみあげてくるものがあった。中島は勢いよく、三塁側ベンチに戻る。ベンチで真っ先に迎えてくれたのが大倉だった。普段のようにハイタッチを交わそうと中島は右手を差し出す。しかし、大倉はその手をしっかりと握った。ハイタッチでもなく、握手でもない。右手を掲げたままでしっかりと大倉は握りしめたのだった。

JAPAN

その瞬間、中島の涙腺が緩んだ。大倉がどんな思いで、自分の登板機会を作ってくれたのかが、言葉はなくとも十分に理解していたからだ。人前で涙は見せたくない。中島はそのままベンチ裏に行き、トイレに駆け込んだ。

15歳のときに初めて大倉と出会った少女は、5大会連続5回目のワールドカップを経験して、すでに27歳になっていた――。

まるで、複雑なジグソーパズルのように

9月7日、マドンナジャパンは大会四連覇を達成した。勝利監督インタビューでは歓喜の表情を浮かべながらも、冷静な口調で大倉は言った。

「日本開催ということでプレッシャーはあったんですけど、選手たちは本当に頑張りました。女子野球の魅力を少しでも感じていただけたらありがたいです」

そして、大倉は最後に力強く言った。

「全員が一緒に力を合わせて、一つひとつ勝ちにいく。心の野球、絆の野球、それがマドンナジャパンの底力です！」

大会から半年後、改めてこの言葉の真意を聞いた。

「ワールドカップというのは、彼女たちにとって普段経験できないことを経験したり、普段の自分のチームにはない感動を味わえたりする大会なんです。そういう場所に、中途半端な気持ちで入ってきたり、自分のわがままや感情を優先したりする選手は、この感動を味わえないんです。でも、チームメイトを認めること、一人ひとりが自分の役割をきちんとまっとうすることで初めて、この感動が味わえるんです。そこには、みんなの《心》がひとつにならなければいけないし、《絆《きずな》》がなければいけない。だから、マドンナジャパンは心の野球、絆の野球なんです」

自国開催というプレッシャーを感じさせることなく、大倉は見事にマドンナジャパンを四連覇に導いた。

「日本代表・マドンナジャパンの監督っていうのは、何十万っていうピースのジグソーパズルを作るようなものなんです。パズルを完成させるために一つひとつのピースをじっくりと見つけ出して、〝あぁでもない、こうでもない〟と一つひとつ当てはめていく。先を見据えながら、右の隅から攻めてみたり、左から固めてみたり……。そして、大会最終日の決勝戦で最後のピースを収め切って、《優勝》というパズルが完成する」

大会終了後、地元に戻った大倉は体調の異変に気がついた。鼻にイボができ、ものもらいができ、口の下がただれた。気がつかないうちに、自分でも多大なプレッシャーを感じていたことに改めて気がついた。

（とにかく、よかった、よかった。これで責任を果たした……）

「心の準備20ヶ条」を徹底した今大会のワールドカップ。

大倉の掲げた心の野球、絆の野球は見事に結実し、マドンナジャパンは見事な四連覇を成し遂げた。これまで、代表チームを支えてきた中島梨紗に最後の花道を作ってやることもできた。

それは「一つひとつのピース」を見事に当てはめた大倉の手腕があればこその、見事な優勝だった——。

〝ナカシ行くぞ！〟と聞こえたので、
急いでグラウンドに向かいました。
この瞬間から、鮮明に覚えているんです。
私がベンチから出た瞬間、
ものすごい歓声が聞こえたんです……

——中島梨紗

だから、マドンナジャパンは
心の野球、絆の野球なんです

——大倉孝一

第5章 *Madonna Japan*

ふたりの天才打者

川端友紀、三浦伊織

深夜の駐輪場で、川端はひとり黙々と……

ナイトゲームが終わって、サンマリンスタジアムから宿舎であるラグゼ一ツ葉に着いたときにはすでに22時を過ぎていた。夜も深い時間の帰着ではあったものの、宿舎サイドの計らいにより、この時間であってもできたての食事が用意されていた。

急いでシャワーを浴びて、汗と泥を流し終える。髪を乾かす時間も惜しむように、選手たちが本館から別館にあるレストランに集まってくる。

こんな時間まで待機してくれているホテルスタッフをこれ以上待たせるわけにもいかず、準備のできた者から自由に食事を始めている。その日の試合に活躍した者、出場機会がなかった者、それぞれだったが、試合に勝利し、緊張から解放されたためか選手たちの表情は一様に明るい。

しかし、そこに川端友紀《かわばたゆき》の姿はない。

みんなが食事を摂りながら、つかの間の休息を過ごしていた頃、川端はひとり本館脇にある駐輪場でバットを持って立っていた。壁面に映る自分の影を見ながら、左右の肩が水平であるかをチェックし、黙々とバットを振り続けた。

（不振を克服するには、ひたすらバットを振るしかない……）

本当ならば、もっともっと素振りをしていたかった。自身の胸の内に芽生えた不安の種を消し去るには、バットを振るしかないということは誰よりも自分が知っていた。

しかし、明日も試合がある。明日のためにもきちんと食事をして、ゆっくりと睡眠をとらなければならない。川端はバットを置き、ゆっくりとレストランへと向かった――。

＊

ＪＷＢＬ（日本女子プロ野球リーグ）を代表する大スター、それが川端友紀だ。

東京ヤクルトスワローズの主力選手である川端慎吾を兄に持ち、１７０センチの恵まれた長身を武器にして、打撃でも、守備でも華麗なプレーを披露し、２０１２（平成24）年にはベストドレッサー賞に輝き、テレビ出演も多い。まさに、「女子野球界の顔」と言える存在感を誇っていた。

10年、発足したばかりの女子プロ野球リーグ（当時ＧＰＢＬ）で衝撃的なデビューを果たした川端は、ソフトボール出身で小学校以来となる硬式野球復帰でありながらも、巧みなバットコントロールにより、リーグ初年度の首位打者となった。

以降も、天才的な打撃センスを誇る三浦伊織《いおり》とともに激しい首位打者争いを展開し、２年目は川端、３年目は三浦、４年目は川端、そして５年目は三浦がタイトルを獲得。毎年、毎年ふたりの好打者は高いレベルでの争いを繰り広げていく。

マドンナジャパンに初めて招集されたのは12年のカナダ大会だった。

小西美加、田中幸夏《さちか》、中村茜《あかね》、三浦伊織とともに、川端も記念すべき「プロアマ混成ドリームチーム」の一員となった。かつて、「ソフトボールでオリンピックに出る」という夢を持って、実業団でソフトボールに励んでいた川端にとって、大好きな野球で世界の舞台に立てるとは思ってもみない幸福だった。

カナダでの川端は、全9試合に出場して日本人最高打率となる・458を記録。初めての国際舞台でありながら、「プロナンバーワン打者」として恥ずかしくない活躍を見せた。

アマチュア時代に硬式野球経験がほとんどないため、アマチュア中心のチームメイトたちとは、ほぼ初対面だった。自らを「極度の人見知り」と語るように、当初は恥ずかしさが勝っていたものの、大会を通じて、ともに女子野球を愛する者同士としての連帯感が強まっていく。川端にとって、実に収穫の多い大会となった。

大会終了後、川端は言った。

「世界大会という緊張する場面、慣れない環境、新しいチームの中で自分のバッティングができたことはすごく自信になりました。この経験を生かして2年後の第6回大会をめざします。もちろん、今度はショートでフル出場します。監督からもっと信頼されるような選手になって、もう一度マドンナジャパンのメンバーになります！」

この大会では、普段守っているショートの座を出口彩香《でぐちあやか》に譲り、川端は主にDHでの起用が多かった。だからこそ、日本人最高打率を記録してもなおも満足はしておらず、川端はさらに上をめざしていた。
そして、ようやく「2年後の第6回大会」が訪れようとしていた――。

慣れないファースト起用の葛藤

第6回日本大会に向けて、マドンナジャパン代表候補チームにプロ選手6名が合流したのが14年5月11日、岡山合宿2日目のことだった。中島梨紗《なかしまりさ》、里綾実《さとあやみ》、中村茜、厚ヶ瀬美姫《あつがせみき》、三浦伊織、そして川端の6選手は、長旅の移動をものともせず、すぐにチームに合流して強化試合に出場。高校生候補の中に入ると、やはりレベルの違いは明らかだった。

しかし、この頃の川端はプロ入り5年目にして、最大のスランプに苦しんでいた。膝や肩に故障を抱えて満身創痍の状態にあり、それまでと比べて疲れが取れづらくなったためにコンディション調整もままならなかった。

「コンディションが悪いからフォームの小さなズレが生じたのか、フォームが崩れたから結果が出なくて、精神的なものにつながっていったのか……。どれかひとつが原因ということではなくて、全部つながっていたのだと思います。でも、いっぺんにすべてを改善することもできないので、まずはコンディショニングから整えていくようにしました」

それまでは、不調を感じたらひたすら走ることを繰り返していた。スランプのときにはバットを振るか、走ること。ただ、それだけだった。しかし、25歳を迎えて改めてじっくりと身体と向き合う必要性を感じ始めていたのがこの頃のことだった。

今大会前に川端が抱えていた不安は、自らのコンディション以外にふたつあった。ひとつは初めて監督として接する大倉孝一という人物に対するものだった。人見知りの川端にとって「初めて」というのは、常に不安がつきまとうものだった。

「大倉さんとはカナダ大会のときにも一緒だったけど、あんまりしゃべっていなかったんですよ。トレーナーとしてカナダに帯同していらしたけど、しっかり話した記憶がないので、〝どんな人なのだろう?〟という思いはありました。だから、大倉さんとつき合いの長い、中島さんとか里から、〝すごく信用ができる監督だから〟と話を聞いて、自分の中のイメージを作りました」

しかし、この心配は杞憂《きゆう》に終わる。最初の岡山合宿、続いて行われた宮崎合宿で大倉と間近に接するうちに、「すごく選手に気を遣う監督なんだ」とすぐに理解できたからだ。

「中島さんからは、〝何通りもの戦略と作戦で、ものすごく細かい野球をやる監督〟だと聞いていました。里からも、〝信頼してついていけば絶対に大丈夫〟と聞きました。実際に接してみると、本当にその通りの監督だったので安心しました」

そして、もうひとつの不安がポジションのことだった。

カナダ大会終了後には「次回大会ではショートにこだわりたい」と力強く語り、それがその後の2年間の大きな目標となっていた。

しかし、最初の岡山合宿が終わった直後に川端の携帯電話が鳴動する。それは、大倉からの電話だった。

――今回の宮崎大会ではファーストで起用することが多くなると思う。きちんと準備をしておいてくれないか？

この瞬間、悲願だった「ショートでの出場」の夢は断たれることになった。今回の代表メンバーには前回大会でベストナインを獲得した出口彩香に加え、同じプロ選手として厚ヶ瀬美姫もショートの定位置を狙っていた。それでも、川端に落胆はなかった。むしろ、大倉に対する感謝の思いが芽生え、それが信頼へと変わっていくことになった。

「チームの状況を見ても、そうなることは想像できていました。だから、驚きもしなかったし落ち込みもしませんでした。むしろ、私がショートを守りたいと思っているということを気遣って、わざわざ電話をして、直接伝えてくれたことに感謝しました。電話をもらった瞬間に、〝きちんとファーストを守って、きちんと好プレーをして恩返しをしたいな〟という気持ちになりました」

ファースト起用については悔しさはあるけれども、「試合に出られない人もいるのに自分のためにポジションを考えてくれているのだ」と感謝の気持ちを抱いた。しかし、不安だったのはファーストの練習をする時間をなかなか作れないことだった。

このとき所属していたイーストアストライアで、川端はサードを守り、ショートには厚ヶ瀬美姫、セカンドには元日本代表の中野菜摘《なつみ》が控えていた。全体練習では普段通りにサードでノックを受ける。ようやく自主練習の時間が訪れても、たったひとりではファーストの練習をすることはできなかった。しかし、このとき厚ヶ瀬、そして中野が協力を買って出た。

「最初はなかなかショートバウンドの捕球がうまくできなかったんです。でも、厚ヶ瀬も、中野も、本当に絶妙なショーバンを投げてくるんです。あのふたりは意地悪だから、すごく捕りづらいボールばかり投げてくる。私にとって、とってもいい練習になりました」

守備において、本番直前まで頭を悩ませたのがグラブの問題だった。

「守備にはとても不安があったんですけど、最初に悩んだのがファーストミットを使うかどうかという問題でした。一応、ミットは用意したし、お兄ちゃんのを貸してもらったりしたんですけど、ファーストミットをつけているだけで不安な気持ちが大きくなってくるんです。きちんと扱い切れないというのか、ちゃんと捕球した気がしなくて……」

本番一ヵ月前の8月に行われた松山での代表合宿のことだった。

ファーストを守っていた川端の真新しいファーストミットに気づいた僕は、「ミット、新調したの?」と何気なく尋ねた。すると川端は「はい、そうなんです。ほら……」とそのファーストミットを差し出してくれた。そこには「KAWABATA 5」と刺繍が施されていた。兄であるヤクルト・川端慎吾のものだった。

「お兄ちゃんからもらったんですけど、なかなか手になじまなくて……」

そう言って、右手でボールをつかむと、白球をミットに何度か打ちつける。パン、パンと乾いた音が響くと同時に、川端は小さく笑う。

「……こうしていても、何か気持ち悪いんです。何か不安で……。これをやめて、外野用のグラブにした方がいいのかな？」

その表情は不安に満ちていた。

＊

大会がいよいよ間近に迫ってきても、川端の調子はなかなか上がらなかった。プロでのレギュラーシーズンの成績も伸びず、打席に入った際に右足を高く上げたり、低くしてみたり、さまざまな試行錯誤が続いたまま、ついに本番を迎えることになった。

（このままの状態だと、私の出番はないかもしれない……）

さらに、川端の場合は他の選手と違って「女子野球の顔」としての側面も持っていた。女子野球界を代表するスター選手である川端は、女子野球普及のために、あるいはワールドカップ自国開催に向けてのＰＲ活動も任されていた。

この頃、一般誌の取材で僕も川端にインタビューをした。グラウンドで見せる表情とは異なり、多くのメディアに囲まれて懸命に大会PRをし、女子野球の魅力を語り続けた。

後に川端は言った。

「PRは大切なことだから、鬱陶しいとかイヤだとかは思いません。……でも、本音を言えば、練習する時間を犠牲にするのはちょっとイヤですね」

不振のときこそ、一心不乱に練習することで川端はここまで成長してきた。しかし、自身の調子がなかなか戻らないのに、練習時間を削られてまでマスコミに意気込みを語り、大会の魅力を語るのも川端の役目だった。自分の役割を自覚していたからこそ、不安を抱きながらも、川端は黙々とPR活動に励んでいた。

不安は一向に解消されなかったが、川端は気づいていなかった。監督の大倉は「彼女の調子がどうであろうと、オレは友紀を使い続ける」という信念を持っていたことに。

「打てるに越したことはないけど、大会期間中にどうしても調子が上がらない選手がいるというのは僕にとっては、友紀に限らず誰の場合でも想定しています。でも、調子に左右されない部分も野球にはある。それは友紀の場合は守備と野球センス、野球勘なのかな？　これは言葉ではうまく説明できないんだけれど、今回、彼女はファーストを守りましたよね？　どのタイミングでベースに入って、どこで伸びればいいのか？　あるいはベースを踏んでアウトにする。そこからボール回しに入る、その入り方。あるいはボールが戻ってきて、ピッチャーに〝はい、頑張って！〟とボールを渡す仕草……。いずれも、野球勘がいいと僕は思う。そういう部分を僕は買っているんです」

さらに、大倉による「川端評」は続く。

「それに、足があるからセーフティーバントができる、盗塁もできる。選球眼がいいから、フォアボールを選べる、守備でもポカがない。彼女を外す理由が見当たらない。調子が悪いということは大会に入る頃にはわかっていました。だけど、あんな短期間でいろいろアドバイスしてもとまどうだけだから、余計なアドバイスはしませんでした。それでも、友紀に関しては何も心配はしていませんでしたけどね」

本人はファーストミットを使うか、やめるか深刻に悩んでいた。しかし、大倉にとってはそれは決して大きな問題ではなかった。本人が使いたければ使えばいいし、「どうしても気になる」というのであれば、違うグラブを使えばいい。そう考えていた。

そして、大会直前になって川端は大倉に相談する。

「ファーストミットを使うつもりで準備していたんですけど、どうしても怖さが消えないんです。つけているだけで不安なんです……」

大倉は何も意に介さない。

「無理して使うことはないよ。普段のグラブを使いなよ」

大倉の言葉を聞いた川端は、それまでの悩みが一気に解決する。

「大倉さんの言葉を聞いて、私は無理にファーストミットを使おうとしていたのだと気がつきました。もしも、慣れないファーストミットを使ってエラーしたら、絶対に後悔するとわかっていたのに、〝ファーストミットを使わなければいけない〟と思い込んでいたんですね。私が普段使っているグラブはとても小さいんですけど、大倉さんの言葉を聞いて、小さくてもいいからいつものグラブを使うことにしました」

バッティング不振は相変わらずだったものの、守備に対する不安は大きく軽減された。それまでレギュラーポジションを守っていたベテランの金由起子《こんゆきこ》に対して、気後れする部分もあった。しかし、そこは金が後輩に気を使わせないように絶妙にフォローしていた。

こうして、女子プロ球界最大のスターは大会本番を迎えたのだった。

大会前に、大倉から配られた「心の準備20ヶ条」に川端は記した。

①日本代表チームの一員として、日本全国の女子野球選手に敬意を表し、公私とも責任を持って立ち振る舞わなければならないことを決意したか？

全国の女子野球選手の想いが日の丸に詰まっていること、野球少女が目指す頂点として、目標となる姿勢、言動、行動をする。

④自分自身の好不調にかかわらず、また自分自身にどんなアクシデントがあったとしても、謙虚に明るく前向きにチームに貢献することを決意したか？

一番はチームのために！　どうすればチームに貢献できるのかを考えて行動します。

⑲どんな結果になろうとも、チームのために自分自身のあらん限りの力を発揮し、メンバー全員と協力し合うことを誓ったか？

自己犠牲してでも、チームのために全力を出す。協力しあい、助け合う。

⑳大会終了後、自分自身が全力を出し切った満足感をチーム全員で分かち合うことを誓ったか？

後悔が少しも残らないよう、しっかりと準備し、行動し、全力を出し切る。あとはみんなで感動できるよう、満足いく大会にする。

そして、欄外には、まるで自分に言い聞かせるかのように川端は綴っている。

――自己犠牲できない人は一流になれない

もうひとりの天才打者、三浦伊織

女子プロ球界において、川端と並ぶ、いや川端以上のヒットメーカーが三浦伊織だった。

92年3月11日、愛知県一宮市に生まれた三浦は小さい頃から身体を動かすのが大好きな活発な女の子だった。2歳上の兄の影響で野球を始めるとすぐに頭角を現し、レギュラーになる。しかし、中学進学後に野球を続ける道筋はなく、中学ではソフトボールとテニスを、そして椙山《すぎやま》女学園高校進学後には本格的にテニスを続ける。

ここで特筆すべきは、その身体能力だ。

中学時代のソフトボール部では一宮市大会で優勝。並行して続けていたテニスでは全国大会に出場する腕前になっていた。そして、高校でも全国高校選抜テニス・女子団体戦でベスト4に、全日本ジュニアテニス選手権では女子ダブルスで3位入賞を果たしている。

スポーツ全般、何をやっても三浦は優秀な成績を残していた。

それでも、この間も野球への思いは断ち切れなかった。テニスを続けながらも、近所のバッティングセンターで汗を流し、バットを片時も離さなかった。そして、高校を卒業し、大学に進学して体育の教師をめざそうと考えていた頃、三浦の運命は大きく動き出す。

09年夏、翌年度から女子プロ野球リーグが発足することが発表された。

それまで、まったく硬式経験がなかったものの、トライアウトに向けて父と一緒に練習に励んだ。トライアウト当日では思うような結果を残すことはできなかった。それでも、天性の脚力を評価され、「足の速い選手も必要だ」という首脳陣のひと言で獲得が決まった。

そこからの三浦の躍進はすさまじかった。

プロ初年度から打率3割台を記録し、プロ3年目となる12年には川端友紀が連続で獲得していた首位打者に輝くと、13年は打率・407を記録。そして14年は驚異の5割台という打率でリーディングヒッター争いを独走し、結果的にシーズン終了時には・500という圧倒的な記録で二度目の首位打者を獲得する。

もちろん、12年の「プロアマ混成ドリームチーム」でも、プロ代表のひとりとしてマドンナジャパン入り。全試合にスタメン出場を果たし、日本の強力打線において三番打者の重責を見事に務め上げ、外野手部門のベストナインに輝いた。

しかし、前回大会では川端とともに苦い思いも経験した。

12年8月13日、第3戦目となるキューバ戦が行われた。試合は10対0で日本チームが快勝したものの、当時チームを率いていた新谷《しんたに》博監督（元西武ライオンズなど）は怒っていた。

試合終了直後、「全員集合」とレフトスタンドに選手たちを集めて、新谷による緊急ミーティングが始まった。

「まずはナイスゲーム。でも、ちょっとだけ言いたいことがある……」

新谷が言うと、選手たちの間に緊張が走る。

「……ここにきてプレーが軽い。普段はあまり名前を出さないけど、川端、三浦！　オレたちは《今日、負けたら終わり》の試合をやってるんだよ。バントミスしました、ごめんなさい。練習して、明日できればいいっていう話じゃないんだ！」

新谷の鋭い口調に選手たちの表情はさらに硬くなる。

この日の2回裏・日本の攻撃、無死一塁の場面のことだった。ベンチからバントのサインが出たこのとき、打席に入った三番・三浦はバントを失敗する。三浦の打球はピッチャーへの小フライとなり、一塁走者は戻れずにダブルプレーを喫していた。一方の川端もまた、4回裏の好機に凡打に倒れて進塁打を放つことさえできなかった。

「……プロからきた5人は、《プロ代表》として参加しているんじゃない。《日本代表》として、カナダに来ているんだ。いちいち、ワンプレーごとに喜ぶな。喜ぶのなら日本に帰ってから喜べ！」

帰国後、新谷に「あの場面」について話を聞いた。

――あのとき、川端、三浦の名前を出したのはチームを引き締めるという意図があったと感じました。いつ言うか、あえて名前を出すか、タイミングを見計らっていたのですか？

質問に対して、新谷は大きくうなずいた。

「そうですね。〝いつ言おうか〟とは思っていました。三浦のバント失敗。あんな軽いプレーをされたら、監督としては試合で使えないですよ。選手たちに改めて〝今のままじゃ勝てないぞ〟っていうことに気がついてほしかった。送りバントが成功してガッツポーズが自然と出るような、そんなチームにしたいんです。ひょっとすると、僕の中で選手たちに対する遠慮があったのかもしれない。でも、（前日の試合で）アメリカに負けたことで僕自身が吹っ切れました。あの敗戦で僕自身が〝このままじゃ勝てない〟と気づいたのかもしれない」

そして、新谷はその後のフォローも忘れなかった。この日の夜、川端、三浦を自室に呼び出して、昼間の発言の意図を告げたという。

「……川端、三浦の名前を出したあの日の夜、ふたりを僕の部屋に呼びました。そこで、ふたりはいまやチームの中心であること、西を含めたお前たち3人、クリーンアップのために他の6人はすべて動いているのだということを話しました」

新谷は川端と三浦の技術を買っていた。しかし、代表初選出のこのとき、まだまだ「日の丸」を背負う意識が薄弱だと感じていた。だからこそ、大会途中であるにもかかわらず、いや大会途中だからこそ、意識的にふたりに喝を入れた。そしてこのときこそ、川端と三浦が初めて本物のマドンナジャパンの一員となった瞬間だったのかもしれない。

結果的にふたりの活躍なくしては日本代表チームの三連覇は難しかった。初めて日の丸を背負ったにもかかわらず、ふたりはすでにチームの中心的存在となっていた。

こうした状況を、当時はトレーナーだった大倉も目の当たりにしていた。

まったく無駄な力の入らない理想的な打撃フォームから繰り出される三浦の広角打法は首脳陣からの信頼も厚かった。前回のカナダ大会において、トレーナーとして接していた大倉は監督就任の際に、川端と同様に「伊織は絶対に必要な選手だ」と考えていた。

「伊織はすべてにおいて安定していますよね。何よりも気持ちが安定していますよ。打撃、守備、走塁、すべてにおいて不安がない。彼女を軸にしながら打撃も守備も決めていく。伊織はそういう選手ですよ」

再び、マドンナジャパンの一員に選ばれた三浦は14年シーズン、JWBLでも絶好調だった。打率は5割を超えて万全の態勢でヒットを量産し続けていた。故障もなく、守備、走塁面でも一流のパフォーマンスを常に発揮していた。

当然、その結果は大倉の耳にも届いていた。だからこそ、大倉は何も心配していなかった。万全の信頼を得て、三浦もまた14年ワールドカップを戦うことになった。

絶好調で迎えた大会本番

「2年前に初めて日本代表に選ばれたことで、〝もう一度、あの舞台に立ちたい〟という思いが強くなったし、〝プロでしっかりと結果を残せばまた選ばれる〟と考えて、この2年間を頑張りました。選ばれるかどうかというプレッシャーはありましたけど、〝普通にやっていれば大丈夫だろう〟という思いもありました。前回と比べて、今回は知り合いも多いので人間関係とかは気にならなかったけど、結果を出さないと最後まで残れないし、残ったとしても試合で使われないという不安はいつもありました。でも、メンバーに選ばれて宮崎に入ったからには自分を信じて戦うだけです」

宮崎入りした直後、三浦は言った。意気込みはさらに続く。

「日本代表チームでは普段のチームのときとは役割も違ってくるので、その練習はしてきました。バントとか、引っ張って進塁打を打つこと、そしてエンドラン。これらの練習は意識的にしました。たぶん、大丈夫だと思います、たぶんですけどね（笑）」

このとき、三浦の在籍していたウエストフローラ監督の松村豊司（元オリックス・ブルーウェーブ）は言っていた。

「三浦はバント練習を熱心にしていました。僕から見ても、もう何も問題がないほどに」

松村によれば、新原《にいはら》千恵コーチ（当時・現京都フローラ監督）から徹底的にバントのコツを学んで、三浦は今大会に臨んだのだという。新原もまた、尚美《しょうび》学園大学から女子プロ野球リーグに身を投じた小技の利く好打者だった。三浦に「バントのコツ」を聞いた。

「ポイントは左手を強く握る感じですね。ボールの勢いに負けないように、ボールが当たるときにちょっと左手をボールに向かって押し出す、そんな意識です。自主練のときにバント練習を集中的にやったことで、大会前にはバントの自信がつきました。でも、三塁側にはできるけど、一塁側へのバントはまだちょっと苦手ですけど（笑）」

技術的にはすぐにマスターした。それよりも重要なことは「意識」の問題だった。

「どうしても、〝自分も生きよう〟と考えてしまって、セーフティーバント気味になってしまうんです。そうすると、身体が一塁側に流れてしまうので、たとえセーフティーのサインが出ても、確実に当ててから走り出すということを自分に意識させました。前回よりは落ち着いて打席に臨めるようになったと思います」

前回大会では、バントについて厳しく叱責された。あれから2年が経ち、そのときのことを冷静に振り返る余裕も生まれた。

「一発勝負のトーナメントにおいて、ああいうことをしちゃうと、チームの雰囲気も悪くなっちゃうと思うので、やっぱり気が引き締まりましたね。どんな場面でもきちんと対応しなければいけないなと強く思うようになりました。あのとき、〝苦手だけど、対応できるだろう〟と軽く考えたことが間違いでした。〝たぶんできる〟と〝絶対にできる〟はやっぱり違いますから。でも、今回はきちんと準備ができました。もう大丈夫です（笑）」

川端と違って、三浦が不安なく大会に臨めたのは自身の体調に不安がなく、体力面、精神面、そして技術面において、すべてが絶好調であることに加えて、大会前に大倉からかかってきた電話の影響も大きかった。

ある日、突然、三浦の携帯電話が鳴った。

――今大会では三番で起用するから、伊織はどんどん打っていいぞ。でも、ときにはバントのサインも出すから、それだけは意識していてくれよ。

突然の電話を受けた三浦は、この言葉を聞いて安堵した。

「最初に、監督からこの大会での自分の役割を聞いていたので、精神的にかなり余裕を持って臨むことができました。それに、今回のチームは一人ひとりが自分の役割をわかっている人が多いので、みんなが、〝日本のために〟とか〝チームのために〟という意識を強く持っていました。私の役割はチャンスのときには自分で返す。でも、ときにはつなぎのバッティングやバントもする。そういう役割だと思っていました」

大会前に、大倉は主力選手である川端と三浦に対して、それぞれ直々にメッセージを伝えていた。川端には「ファーストでの起用」を、三浦には「バントのサインもあること」を。結果的にこの電話によって、川端も三浦も精神的な負担を大きく軽減されることになる。

それはまさに、大倉ならではの気遣いだった。

三浦もまた、大会前に「心の準備20ヶ条」をしたためた。

①日本代表チームの一員として、日本全国の女子野球選手に敬意を表し、公私とも責任を持っ

て立ち振る舞わなければならないことを決意したか？

日本代表選手として、女子野球普及のために誇りを持って世界と戦います。

⑦ベンチからネクストサークル、ネクストサークルからバッターボックスまでの間、また一球一球の間、集中できるルーティーンを準備したか？

ベンチからネクストサークルは、ベンチの左端で準備し、ピッチャーにタイミングを合わせて自分の番を待ちます。ネクストサークルからバッターボックスは、バッターボックスに入る前に2回素振りをしてから、左足↓右足の順に入り、バットをくるっと回して、ちゃんと引いて打つ体勢に入ります。

⑱代表選手全員が「侍ジャパン　女子代表チーム」にとって必要不可欠な人材であることをチーム全員が認識し、強い心のつながりを持つことを誓ったか？

「みんなで勝つんだ」「このチームで優勝するんだ」という気持ちを常に持ち、プレーします。

⑲どんな結果になろうとも、チームのために自分自身のあらん限りの力を発揮し、メンバー全員と協力し合うことを誓ったか？

「チームのために」ということを念頭に置いて、常に最高のプレーをできるようにしていきます。

⑳大会終了後、自分自身が全力を出し切った満足感をチーム全員で分かち合うことを誓ったか?

優勝するために、自分の役割ややるべきことをまっとうします。その結果として、目的を達成し、優勝の喜びをチーム全員で分かち合います。

＊

そして、大会が始まった。三番・三浦伊織、五番・川端友紀で起用されることが多かったふたりの天才打者は、大会前の調子がそのまま結果に現れた。

三浦は常に落ち着いてプレーをして結果を残しているのに対し、川端はなかなか会心の一撃が生まれなかった。

9月1日、大会初戦のオーストラリア戦でのことだった。

初回二死二、三塁の場面で打席に入ったのが五番の川端だった。この打席で川端は平凡なセカンドゴロに倒れる。普段の状態ならば、確実に仕留められたボールを川端は打ち損じた。

「この場面が、この大会で最も印象に残っている場面です。初回の大事なところで、〝ここで絶対に打たなきゃ〟って思っていたのに、全然、自分のバッティングができなくて……。この瞬間、〝やってしまった……。何てことをしてしまったのだろう……〟って、絶望的な思いになったことを覚えています」

たった一度の凡打で「絶望的な思い」になるほど責任感の強い川端だからこそ、ここまでの選手になれたのだろう。しかし、傍目に見ても川端の落ち込みぶりはよくわかった。本人は、「まわりに悪影響を与えてはいけないから」と明るく振舞おうと努めていたのもよくわかったからこそ、余計に痛々しかった。

大会期間中、夜中の駐輪場で黙々とバットを振り続けている姿を見たときには、見てはいけないものを見たような、そんな罪悪感を覚えるほどだった。

しかし、川端の奮闘は大会後半には報われる。大会5日目のアメリカ戦では3打数2安打を放ち、この日は初めて試合後の記者会見に呼ばれた。

「大会が始まって、なかなかヒットが出ずにいろいろと心配されたけれど、自分のスイングを信じて、しっかりバットを振ることを心がけました」

記者たちの前で安堵の表情を浮かべた川端だったが、その表情は久しぶりに見る本来の笑顔だった。翌日の決勝戦でも川端らしいヒットを放ち、見事に有終の美を飾った。

一方の三浦伊織は攻守ともにマドンナジャパンの中心として、今大会も十分に機能した。

第4戦のカナダ戦の初回に盗塁を決めた場面について、大倉は「あそこで悠々とセーフにできる伊織はすごい」と舌を巻き、第5戦のアメリカ戦では5回表に九番・キンブレルの痛烈な打球に対しても守備範囲の広さを見せて、楽々アウトにした。まさに、走攻守、すべてにおいて三浦の独壇場だった。

前回のカナダ大会に続いて、この大会でも三浦は外野手のベストナインに輝いて、世界中にその実力をアピールした。

「今回は反省も多いし、いろいろと勉強になることばかりでした。日本開催というプレッシャー、プロ選手としてのプレッシャー、そして自分自身の体調に対する不安……。次回大会には、この経験を踏まえてさらに成長した姿を見せたいです」

川端が言えば、一方の三浦も次回へ向けての意気込みを力強く語る。

「まだまだ打てるチャンスがあったのにミスもあったし、反省も多いです。次の大会では私たち91年組が中心の代になると思うので、チームでの役割も変わってくると思います。そのときにも活躍できるように頑張ります」

川端友紀　14打数5安打0打点　打率・357
三浦伊織　10打数5安打7打点　打率・500

16年に韓国で開催が予定されている第7回大会では、川端と三浦はどんな勝負を繰り広げるのだろう？　今大会では、マドンナジャパンが誇るふたりの好打者は明暗が分かれる形となったが、それもまだ途中経過でしかない。

ふたりの天才打者の熾烈な争いはまだまだ続く――。

23

ENEOS

日本開催というプレッシャー、プロ選手としてのプレッシャー、
そして自分自身の体調に対する不安……。
次回大会には、この経験を踏まえて
さらに成長した姿を見せたいです　――川端友紀

次の大会では私たち91年組が中心の代になると思うので、
チームでの役割も変わってくると思います。
そのときにも活躍できるように頑張ります　――三浦伊織

第6章 *Madonna Japan*

同級生のその後

磯崎由加里、新宮有依、六角彩子

プロに行くか、アマのままでいるか？ 3人の選択

2007（平成19）年、春――。

3人はともに埼玉栄高校に入学し、女子硬式野球部の門を叩いた。

山口県宇部市出身の磯崎由加里《いそざきゆかり》、島根県松江市出身の新宮有依《しんぐうゆい》、そして茨城県日立市出身の六角彩子《ろっかくあやこ》。中学時代までは何の接点もなかった15歳の少女たちは、その後もずっと、ときにはチームメイトとして、ときにはライバルとして、お互いに切磋琢磨する関係を築き、3人ともマドンナジャパンの一員として日本の優勝に貢献してきた。

僕が初めて彼女たちのことを意識したのが07年9月、埼玉・指扇《さしおうぎ》の埼玉栄高校女子硬式野球部グラウンドでのことだった。

この日、花咲徳栄《はなさきとくはる》高校との試合を観戦した僕は、先発の六角、リリーフした新宮のピッチングを見て、「いいピッチャーだな」と感じた。さらに、この日は登板しなかったものの、ブルペンに入っていた磯崎にも魅了された。埼玉栄・齋藤賢明監督に「あの背番号《36》《10》《16》は誰ですか？」と尋ねると、齋藤は嬉しそうに言った。

「あぁ、あの3人ね。なかなかいいでしょう。3人ともまだ一年生だけど、それぞれがタイプの違うピッチャーなんですよ。これから、まだまだ伸びていくと思いますね」

そしてこの日の練習後、3人に話を聞いた。

おそらく、彼女たちにとって初めての取材だったのだろう。僕の投げかける質問に対して、何とか答えようと、緊張したまま一生懸命に言葉を探している姿を今でも記憶している。

以来、彼女たちのことは気になっていて、高校を卒業するまではもちろん、それぞれ別の大学に進学後も折に触れて3人のプレーを見て、話を聞いていた。

この間、3人ともマドンナジャパン戦士となっていた。大学時代はそれぞれが別々のチームだったが、10年のベネズエラ大会、12年のカナダ大会と二大会連続でマドンナジャパンの一員として、同じユニフォームに身を包んでいた。

その背番号《16》は磯崎、《10》は新宮、そして《36》は六角。いずれも、初めて高校時代に見たときと同じ番号を背負って、3人は世界の舞台で戦っていた。

ベネズエラ大会では強打の内野手として六角が大会MVPに輝き、続くカナダ大会では磯崎が見事なピッチングを披露してMVPを獲得した。一方の新宮も、日本最速を誇るスピードを武器に、アメリカ、カナダなどの強豪相手にその実力を発揮していた。91年生まれの3人は、間違いなくマドンナジャパンの主力選手であり、次代を担って立つべき逸材だった。

07年に初めて取材をしたときに、僕は3人に並んでもらって撮影をした。その後、09年夏の最後の試合の後にも同じ構図で写真を撮った。以来、10年のワールドカップ二連覇の祝勝会場、12年のカナダ大会優勝直後、13年の大学卒業時と、何度も何度も同じ構図で並んでもらって、まるで定点観測のように僕はシャッターを切った。

この間、着ているユニフォームは何度か変わったけれども、3人ともチームの主力選手として、輝かしい成績を残していた。その表情は明るく、永遠にまぶしい光に照らされたまま、彼女たちの未来は続いていくものと思われた。

しかし――。

14年の第6回日本大会では、それぞれがそれぞれの葛藤を抱えて大会に臨み、大会後には新たな課題を見つけることとなる。それまでまったく屈託のない明るい表情で、将来に対して何も疑いなく明るい展望を抱いていた。そんな彼女たちに初めて訪れた苦悩の瞬間。順調すぎる成長曲線を描いていた3人に訪れた試練のとき……。

改めて、12年カナダ大会以降の3人の2年間を追ってみたい――。

＊

13年、初秋――。

前年のカナダ大会で活躍した3人は大学四年生になり、進路を決める時期に差しかかっていた。前年夏に、それぞれがカナダで女子プロ野球選手たちとともに、日の丸のユニフォームを着て、日本の大会三連覇に貢献していた。このとき新宮は感じていた。

（やっぱり、プロ選手たちは全然、レベルが違うな……。技術はもちろん、オーラ、雰囲気も違う。私も大学を卒業したら、プロに行こうかな？）

カナダの宿舎で女子プロ球界最大のスター・川端《かわばた》友紀《ゆき》と同部屋だった六角は、川端からプロの練習環境、待遇についての話を聞いて結論を出していた。

（大学を卒業したら、私もプロの高いレベルでもっともっと鍛えたいな……）

六角と新宮が「プロ志望」の決意を固める一方で、磯崎の考えは違っていた。

（私はアマチュアのまま、母校の尚美《しょうび》学園を倒したい。そして、ジャパンカップで悔しい思いをしたプロを倒したい……）

一年に一度行われるジャパンカップ。この大会はプロチームとアマチュアチームが一堂に会する大会で、磯崎の所属する尚美学園大学はプロと接戦を繰り広げるものの、あと一歩のところで敗れていた。だからこそ、自分はアマチュアのままプロチームと対戦して、プロを撃破したいと考えていた。

さらに、磯崎には別の理由もあった。

この年の3月、春のリーグ戦が始まる直前の平成国際大学との練習試合で、磯崎の右足甲を痛烈な打球が直撃する。打ったのは高校の同級生だった新宮だった。痛みは残ったものの、リーグ戦開幕を控えて、磯崎は休養することなく投げ続けた。

その結果、痛めた足をかばっているうちに自分でも気がつかぬまま、本来の投球フォームを崩してしまった。さらに、軸足となる右足を負傷したことで、ピッチャープレートを思い切り蹴ることができなくなり、ボールの勢いが半減した。

それまでは10球投げれば8球は思い通りに投げられていたものが、4球から5球程度しか狙ったところにコントロールできなくなった。

自分でも本調子ではないのがわかっていたからこそ、まったく環境の異なるプロではなく、自分のペースで調整ができるアマチュアとして過ごそうと考えたのだった。

13年10月14日、JWBL（日本女子プロ野球リーグ）から報道陣に向けて、一通のニュースリリースが届いた。

大山唯選手、新宮有依選手、六角彩子選手獲得のお知らせ

いつも日本女子プロ野球リーグに温かいご声援をいただきありがとうございます。日本女子プロ野球リーグでは、昨夏、カナダ（エドモントン）で開催された、第5回IBAF女子野球ワールドカップで3連覇を果たした女子野球日本代表の大山唯選手（21）、新宮有依選手（22）、六角彩子選手（21）の3名を獲得したことをお知らせします。来シーズンはプロのユニフォームを着てプレーする3名の選手の活躍を楽しみにお待ちください。

新宮、六角とともにプロ入りが発表された大山唯もまた、第2回・台湾大会から、第5回・カナダ大会までずっとマドンナジャパンメンバーに選ばれた実力者だった。尚美学園大学に進み、不動のレギュラーとして活躍し、プロでも即戦力候補だった。

カナダでの大会期間中に、すでに「プロに行こう」と決意していた新宮と六角は、当初の思い通りにプロへの道を選び、その夢を現実のものとした。そして、「私はアマチュアで頑張る」と決意した磯崎はプロには進まず、独自の道を歩むこととなった。

しかし、この後、3人の運命は二転三転することになる。

そして、3人は再び同じチームに

10月14日にプロ入りが発表された新宮と六角だったが、一転して11月には「プロ入り辞退」を表明する。埼玉栄高校の同級生で、同じくプロ入りを決めていた黒崎夏奈《かな》とともに、翌年からはアマチュアのクラブチーム・侍でプレーすることを決意したのだ。

辞退の理由は、完全にボタンの掛け違いだった。10年のリーグ発足以来、さまざまな試行錯誤を繰り返してきたJWBLだったが、翌14年度のリーグ運営体制がまだ決定していなかった。詳細が決まっていないため、本契約のためのミーティングをしても、提示される契約条件、そしてリーグ理念がいつも曖昧で揺らいでいた。「すぐ連絡をする」と言われてから、しばらくの間、何も連絡がないこともあったという。

そこに、新宮も六角も不安を覚え、やがては不信感へと変わっていった。最初に決断したのは新宮だった。続いて、六角も黒崎もプロ入り辞退を決意する。高いレベルで集中的に野球に取り組むプロの環境は魅力的ではあったが、社会人としての第一歩を踏み出すに当たり、不安を抱えたままではいたくなかった。

こうして、新宮と六角は大学卒業後もアマチュアに留まることを決意する。彼女たちが選んだのがクラブチーム・侍だった。元々、埼玉栄高校出身者が集まってできたチームで新宮と六角は久しぶりに同じユニフォームを着ることになった。六角は言う。

「辞退を決意するまでは、当然、私も悩みました。でも、やっぱり不安を抱えたままプロに進むことはできないと考えました。決断するまでは悩んだけど、一度決めてからはもう未練もなかったし、侍で頑張ることだけを考えました」

さんざん悩んで出した結論について、新宮も振り返る。

「一度、入団発表しているので、いろいろ叩かれるだろうなとは覚悟していました。でも、私もこういう性格なので開き直りというのか、〝決めたことだから〟と思うようにしました。でも、実際は批判されることもなく応援してくれる人が多かったのが嬉しかったです」

この時点で、すでに磯崎も侍への入団を決めていた。07年に一緒に埼玉栄高校に入学し、高校卒業後は別々のチームで研鑽を積んだ3人だったが、このとき期せずして4年ぶりに同じチームでプレーをすることになった。

3人の人生が再び交錯する瞬間が訪れたのだった——。

＊

ワールドカップ本番を控えた14年シーズン——。

磯崎、新宮、六角の3人は久しぶりに同じユニフォームで開幕を迎えた。

「久しぶりに一緒のチームになったけど、高校時代と比べて安心感、信頼感はずっと増していました。マウンドで投げているときに隣に六角が守っていてくれる。攻撃では有依がしっかりと援護してくれる。とっても安心して投げられました」（磯崎）

「みんな大人になったなと思いました。新しい環境でこれからどういう選手になっていくのかも楽しみだったし、そして夏のワールドカップにも、また3人で一緒に出たいなって新しい目標もできました」（新宮）

「相変わらず仲良しだというのは昔から変わらないんだけど、以前と比べて、野球の話をする時間が増えましたね。一人ひとりが大人になったというのか、自分の野球観をきちんと表現できるようになっていました。3人ともものすごくいろいろなことを考えていて、野球の話をするのは

高校時代よりも楽しかったですね」（六角）

前年まで、磯崎は尚美学園大学で、新宮は平成国際大学で毎日練習を続けていた。一方の六角は帝京平成大学の施設を利用しながら、週末は侍でプレーをしていた。

しかし、大学卒業により環境が変わった。練習場所、そして練習パートナーの確保に頭を悩ませるものの、磯崎と新宮はそれぞれ母校のグラウンドを使わせてもらい、後輩たちとともに練習に励むことにした。一方の六角は就職先がスポーツに関する企業だったので、会社の施設を自由に使うこともできたし、自らが立ち上げに関わった野球スクールで日頃から身体を動かしていたため、特別な不自由を感じることもなかったことが幸いした。

この状況を受けて、マドンナジャパンを統括する全日本女子野球連盟は緊急のトライアウトを実施。新宮と六角の追加招集を決めた。これで、すでに代表候補入りをしていた磯崎と合わせて3人が改めてマドンナジャパンの一員となることが濃厚となった。

その後、3人は最終選考も突破して、正式に日本代表選手となる。

紆余曲折はあったものの、磯崎、新宮、六角の3人は10年のベネズエラ大会以来、三大会連続でマドンナジャパン戦士となることが決まった。

いずれも、大学時代に2回世界の舞台で戦い、3回目は社会人としてワールドカップに挑むことになった。年齢はまだ22歳になったばかりだ。代表歴も長くなり、マドンナジャパンにおいて、求められる役割も変わってくる。

若手から、中堅へ。3人にとっての新たな挑戦の舞台が整った——。

フォーム修正、そしてキャッチャーとの不和

8月も終わりに近づき、選手たちはすでに宮崎入りとなっていた。本来なら心身ともに万全の状態で、間近に迫った大会本番を迎えなければならない時期だった。しかし、磯崎も、新宮も、心に悩みを抱えたままでの宮崎入りとなっていた。

磯崎が抱えていたのは、自らのピッチングフォームに対する不安だった。右足甲の負傷以来、カナダでMVPを獲得したときの輝きは色あせていた。本来の投げ方を忘れ、フォーム修正に頭を悩ませながら、この2年間を過ごした。

このとき、もっとも心を砕いたのが従来までのワインドアップでいくか、それともセットポジションでいくかという問題だった。

春先から夏場にかけて、いろいろな人に相談し、さまざまな試行錯誤を続けた。そして、さんざん悩み迷った結果、磯崎はセットポジションで投げることに決めた。それまで身体に沁み込んでいたピッチングのリズムとまったく異なる新フォーム。ひたすら投げ込みを続けるうちに、ようやくセットポジションのリズムをつかみ始めていた。それでも不安は残ったけれど、一度決心

したことを変えたくはなかった。

さらに、磯崎を悩ませた難事がマドンナジャパンの正捕手・西朝美《ともみ》とのコミュニケーション問題だった。前回大会でもバッテリーを組んだ磯崎と西は、カナダでは絶妙なコンビネーションを披露していた。磯崎がMVPを獲得した陰には、西の存在も大きかった。

しかし、今大会のふたりの関係はぎくしゃくしており、どこかぎこちなかった。宿舎では磯崎と西と出口彩香《でぐちあやか》が同部屋だった。本来ならばゆっくりとくつろげるはずのプライベートな空間が、磯崎と西にとっては、逆にストレスの溜まる空間となっていた。

わずか2年前のカナダとは、まったく異なるふたりの関係性が生まれていた。

両者、それぞれに言い分はある。どちらも、「話しかけても無視された」と答える。

なかなか調子の戻らない磯崎に対して、西は物足りなさを覚えていた。カナダでのすばらしいピッチングを知っていたからこそ、どうにか力になりたいとアドバイスを送ろうとした。けれども、話しかけても何も反応がないから、次第にその情熱も失せていく。

一方の磯崎は、大会が始まろうとしているのに、まともにミーティングをしようとしない西に対しての苛立ちを覚えていた。「このままではいけない」と思って、こちらから話しかけてもまともなリアクションが返ってこない。少々、イライラしているからたまに話しかけられても、こちらも冷淡な態度をとってしまう。

どちらに非があるのか？　どちらが先なのか？　それぞれの言い分があれば、見解の相違もあるので、その答えを第三者が推し測ることはできないのかもしれない。

しかし、マドンナジャパンの屋台骨を支えるべき前大会MVP投手と、それをサポートする正捕手との間に亀裂が入っていたことは紛れもない事実だった。

＊

磯崎と西と同部屋だった出口彩香はふたりの異変にすぐに気がついた。

「大会が始まってすぐに、〝あれ、何かおかしいぞ？〟って気がつきました。私にとっては、西さんも由加里さんも大学の先輩だから、ちょっと気まずい部分もあったけど、私はあまりそういうことを気にしない性格なので、普通に過ごすように心がけていましたけど、やっぱりちょっと変な感じでしたよね」

同じく、尚美学園大学に通い、出口の同級生でもある寺部《てらべ》歩美《あゆみ》も異変を察していた。

「（出口）彩香と話そうと思って彼女の部屋に行ったら、彼女はシャワーを浴びていて、部屋には西さんと磯崎さんがいました。しばらく部屋で待たせてもらおうと思っていたら、ふたりともまったく会話をしないし、何かぎこちないんです。正直、彩香が戻ってくるまで、かなり気まずかったです……」

西は言う。

「出口は明るくて元気なコだから、私にいろいろ話しかけてくるんですよ。野球に関しても、いろいろと質問してくるから、それに答えていると、どうしても磯崎がポツンと孤立しちゃうじゃないですか？　だからこちらから話しかけるんだけど、〝……〟みたいな感じで。正直、きつかったです。明るく振舞っていたけど、出口もきつかったんじゃないのかな？」

磯崎は言う。

「西さんと出口が楽しそうにしゃべっているから、ますます話しかけづらくなってくるのはありました。部屋でひとりになれる時間がなかったのはきつかったです」

本来ならくつろぐべきはずの部屋で、ふたりとも「きつかった」という思いを抱いていた。しかし、もうひとつ、ふたりには共通の思いもあった。

それは、（このままではいけない）という思いだった。ふたりとも、内心では（このまま試合に出て、いい結果が出るはずがない）と感じていた。

そんな状況下で、磯崎の初登板は大会3日目のベネズエラ戦に決まった。

（このままではいけない、何とかしなくちゃ……）

そんな思いを抱きつつ、結局は満足なバッテリーミーティングもできぬまま、磯崎は先発マウンドに上がった。受けるのは、もちろん西だった。

どこかぎこちないバッテリーではあったけれど、格下であるベネズエラ打線は亀裂の生じていた日本バッテリーを攻略することはできなかった。磯崎は3回を無失点に切り抜けて、二番手の矢野みなみにマウンドを譲った。

　このとき、磯崎は「あること」に気がついていた。

（あれ、全然カーブのサインが出ない……）

　普段は「カーブ8割、残りの球種が2割」という組み立ての磯崎ではあったが、この日は縦と横のスライダー中心の組み立てだった。大会本番に向けて、春先から得意のカーブに磨きをかけてきただけに疑問が残った。試合後、磯崎は思い切って西に尋ねた。

「……今日はどうしてカーブのサインがなかったんですか？」

「大倉監督が、〝今日はストレート中心でいいから、カーブは使わなくていい〟って言ったから……」

　ベネズエラ相手なら、磯崎の得意なカーブを使うことなく抑えられるだろう。むしろ、決勝で戦うことになるであろうアメリカに手の内を見せずに温存した方がいい。大倉はそう判断したのだと、ふたりは理解した。それは、事前に話し合っていれば、解決できた問題だった。

　そんな簡単なコミュニケーションすら、このときのふたりはとれていなかった。

ふたりの心の支えとなった、もうひとりの同級生

新宮もまた、心に大きな葛藤を抱えたままで宮崎に臨んでいた。

全日本女子野球連盟が発表した「女子代表選手一覧」には全7名の投手が掲載されているが、その中にはもちろん新宮の名前もある。しかし、今大会で新宮は一度もマウンドに立っていない。新宮の出場は、第2戦の香港戦に九番ライトでスタメン起用されたのと、第5戦のアメリカ戦に八番ライトで出場した2試合のみで、いずれもライトでの出場だった。

今大会において、大倉がイメージしていた「新宮の役割」を聞こう。

「新宮についてはゲームが壊れてしまったときのスーパーサブというイメージでした」

もしも、早い段階で先発投手がノックアウトをくらい試合が壊れてしまいそうなときにロングリリーフを任せられる存在。それが大倉のイメージしていた新宮の役割だった。

今大会では、エース・里綾実《さとあやみ》を中心に、矢野みなみ、磯崎由加里、そして笹沼菜奈を先発として起用するつもりだった。もしも、彼女たちが早々に崩れてしまった場合に、翌日以降の対戦を考えて投手を温存しておく必要も出てくるかもしれない。

そんな非常事態が訪れたときに、経験も実力もある新宮は適任だった。しかし、普段はチームの中心である選手にスーパーサブとしての役割を求めるのであれば、川端友紀に「ファースト起

用」を告げ、三浦伊織《いおり》に「バントの準備」を伝えたように、事前に新宮に対しても丁寧に説明する必要があったのではないだろうか？　大倉は言う。

「そうですね。新宮に対して、説明が足りなかったと思いますね……」

結果的に日本の先発陣はまったく危なげなく、ノックアウトされるどころか失点を喫することもほとんどなかった。当然、投手としての新宮の出番もなかった。

大会前に、新宮は大倉から告げられていた。

――今大会ではピッチャーと外野、両方できるように準備しておいてくれ。

薄々予感していたため、新宮はその言葉を平然と受け止めた。

「それまでに何回か行われていた代表合宿においても、ブルペンだけではなくて、〝外野ノックも受けてくれ〟と言われたりしていたので、そうなるだろうなとは思っていました。私はバッティングも大好きなので、単純に〝今回は二刀流なのかな〟って考えました。悔しさですか？　そういう感情は全然ありません。むしろ、〝投手と野手と両方やらせていただけるんだ〟と思っていましたから」

しかし、現実は厳しかった。これまでの日本代表チームにおいて、投手と野手を兼任したケースはほぼ皆無だった。そのため、調整方法を確立することがとても難しかった。

さらに、代表合宿において、投手と野手が別々に練習することはしばしばあった。そのたびに新宮はとまどっていた。

（私はどちらに行けばいいのだろう……）

練習中、「投手陣、集まれ！」と号令がかかる。これまでだったら、何の迷いもなく真っ先に駆けつけた。しかし、今大会においては（私、行ってもいいのかな？）と気後れが生じていた。迷いを抱えたまま投手陣の輪の中に加わる。しかし、そこではほとんど出番のないまま、何もすることなく解散となる。

「事前に、〝両方できるようにしておいてくれ〟と言われていたから私も輪の中に加わりましたけど、何度か繰り返しているうちに、〝ここでは私の出番はないな〟と感じていました。だから、投手と野手が同時にミーティングをするときには、〝野手の方に加わった方がいいのかな？〟と大会直前には考えるようになっていました」

新宮の中にあった迷いが、どんどん大きくなってくる。

（……私はここにいてもいいのかな？　私の居場所はどこなのだろう？）

迷いを抱えたまま、新宮にとって三度目の大会が始まった――。

＊

大会中継を見ていて、磯崎の表情が冴えないことに直井《なおい》友紀《ゆき》は気がついていた。そして、投手としてではなく外野手として試合に出場し、迷いを抱えたまま凡打を繰り返している新宮を見て、直井は「何とかしなきゃ」と考えていた。

直井友紀——。

彼女もまた「91年組」で、07年に埼玉栄高校に入学。女子硬式野球部員として三年間を過ごしていた。磯崎、新宮、六角が一年時から試合に出場していたのに対して、直井はなかなか試合に出ることはできなかった。それでも、持ち前の頭の良さとひたむきな努力で徐々に試合に出るようになり、磯崎、新宮とバッテリーを組むレギュラーキャッチャーとなった。

さらに、12年のワールドカップ・カナダ大会では念願のマドンナジャパン入りを実現。常に大声を出し、チーム一のムードメーカーとして大会三連覇に大きく貢献した。その後、歯科医になるべく学業に専念することになり、野球は趣味として続ける程度にとどまった。

けれども、かつての仲間たちが奮闘しているワールドカップのことは気になって仕方がなかった。そこで、同級生の異変に気がついた。

直井は磯崎に電話をかける。核心には触れずに、いつものような世間話をして、そして「頑張れ！」と声をかけて通話は終わった。それでも、磯崎は「久しぶりに直井の声が聞けて、気分転換ができた」と嬉しかった。

同じく直井は新宮にも電話をかける。しかし、新宮は電話に出ない。何度かけても、一向に連絡がない。直井が振り返る。

「有依のヤツ、私からの連絡をガン無視しているんですよ、ひどくないですか？」

仕方がないので、LINEでメッセージを送る。

「ちょっと話したいんだけど、いつ電話したらいい？」

それに対して新宮は「今、ムリ。今、出れない」と返信。それでも直井は「じゃあ、時間のあるときに電話して」と応える。新宮は言う。

「最初、〝話したくないな〟と思って、電話に出なかったんですよ。そういう気分でもなかったし……。でも、二日ぐらい夜中に電話がかかってきていたし、LINEのメッセージも入っていたので、仕方なくこちらから電話をかけました（笑）」

直井は新宮の葛藤に気がついていた。

「有依、大丈夫なの？」

「大丈夫じゃないよ！」

高校時代の親友の前では、新宮も素直な思いを口にすることができた。

「ヤバイの？」

「ヤバイよ！」

大会期間中にチームの雰囲気を悪くしてはいけないから、自分の悩みや葛藤を表に出さないように常に心がけていた。それでも、親友の前では素直になれた。直井が続ける。

「いろいろ大変かもしれないけど、あんまり考え過ぎない方がいいよ」

大会期間中の夜の電話、気心が知れた者同士に長話は必要なかった。ほんの短い会話であっても、新宮の気持ちに少しずつ明るい光が射し込んでくる。

「正直、いろいろなことを考えて頭の中が混乱していたんですけど、直井の言葉を聞いて嬉しかったですね。〝あぁ、見てる人はいるんだ〟とか、〝高校時代から一緒にやってきたからこそ、自分を理解してくれるんだ〟と思えた気がします」

当人にこのときの話を聞くと、直井は真剣な表情で考え始めた。

「何で、あのときに電話をしたのかですか？　……うーん、何でかなぁ？　新宮の様子がおかしいというのはわかりました。でも特別、〝元気づけなきゃ〟とか思ったわけじゃなくて……。うーん。よくわかりません（笑）。きっと、それは特別なことをしたわけではなくて、今まで通りに普通のことをしただけだから、よく覚えていないのだと思います」

大会序盤の新宮は打席の中でも常に迷っていた。

「大会中のすべての打席で、私は迷っていました。〝何でこの球に手が出ないんだろう？〟って。私は集中しているときにはいつも遠くを見ているんです。「心の準備20ヶ条」にも書きましたけど、私のルーティーンは遠くを見ることなんです。普段はそれが自然にできているのに、このときは、〝あっ、遠くを見なくちゃ〟って意識して考える自分がいました。その時点でもう違いますよね……」

しかし、直井とのやり取りを経て、大会後半には気分が振っ切れた。

「決勝トーナメントに入ったときには迷いの糸がプツッと切れたのか、無心で臨めました。やっぱりみんながめざしているのは優勝なんだし、〝こんなことで悩んでる場合じゃないよ〟って、自分でも自然に思えました」

今回はあまり出番はなかった。それでも、自分もマドンナジャパンの一員なのだという誇りが、ようやく新宮の中に取り戻されようとしていた。

それぞれの第6回大会

大学卒業時の進路については紆余曲折があったものの、「私はアマチュアとしてワールドカップを戦う」と決めてからの六角には迷いや揺らぎは何もなかった。

中学生の頃から、自分の夢や願望を手帳に記すことが好きだった。中学三年生のときにはすでに「私は女子野球の日本代表になる」と日記に記していた六角は、今大会においても自分だけしか見ることのできないツイッターアカウントを活用して、そのときどきの思いをメモしていた。

恥ずかしそうに六角が、携帯電話を手渡してくれた。

「今年の夏、私はワールドカップに出場する。日本開催だから家族、親戚、友だち、たくさんの人の前で二番サードとして出場。ヒット、セーフティーバント、盗塁を決めまくり大活躍。守備では当たり前のプレーは当たり前にさばき、ファインプレーもたくさんする。さすが最優秀守備選手だと言われ、みんなから尊敬される」

「試合も順調に勝ち進み、最後の決勝戦。同点最終回で、サヨナラのチャンスに打席に立つのは私。カウント、ツースリーになってファールで粘る。みんなが見守る中、華麗に左中間に打ち、サヨナラ勝ち。私はガッツポーズをしてベースまで行く。そしてホームに駆け寄り、仲間たちと抱き合う。喜びの歓喜の中に飛び込み、涙を流して分かち合う。そして、二度目のＭＶＰと首位打者、最優秀守備賞をもらう。報道陣が私に駆け寄り、テレビには私が映る。そこで、〝家族のみんな、応援してくれる友だち、関係者の方すべてに感謝したい〟って言う。〝やったぞ、四連覇！〟って笑顔で言う」

すべてを読み終わると、六角が照れた表情を浮かべて笑った。

「超恥ずかしい、私、単なる妄想女ですよね（笑）。ただのバカみたいじゃないですか！」

大倉監督が「心の準備20ヶ条」において選手たちに求めていたこと、さまざまなシチュエーションを想定したイメージトレーニングを六角はすでに実践していたのだった。

「そうなんです。だから、大倉さんが《心の準備20ヶ条》をみんなに配ったときにはワクワクしましたね。私、そういうのを考えることが本当に好きなので、書かれていることを読んだときには鳥肌が立っていましたから（笑）」

この「妄想」通り、六角は攻守にわたってマドンナジャパンの中心選手として大活躍する。さらに、今大会で初めて副キャプテンに指名され、次代のキャプテン候補として、次なるステージへ歩み出すことになった。


一方、カナダ大会ではMVP獲得したものの、今大会では精彩を欠いていた磯崎の目はすでに16年に予定されている韓国大会に向いている。

「ベネズエラ大会、カナダ大会で決勝戦に投げさせてもらったけど、宮崎大会では決勝戦で投げられなかった。それはやっぱり悔しいです。そのためにはプロで頑張って、もう一度、決勝の座を取り戻したいですね」

そう、大学卒業時に「私はプロには行かない」と言っていた磯崎は一年のときを経て、15年春からJWBL・埼玉アストライア入りを果たしていた。侍に所属しながら、母校の尚美学園大学で練習を続けたものの、思うような調整ができず、練習不足を痛感していた磯崎は「プロの厳しい環境で自分を鍛え直したい」と考えを改め、プロ入りを決めていた。

当初、プロ行きを決めていた新宮と六角がプロを辞退し、「プロには行かない」と言っていた磯崎がプロに入団する……。運命とは皮肉なものだった。

「今まではワールドカップMVP投手として、〝もっとしっかりしなくちゃ〟と思って、それがプレッシャーになっていたけど、里さんが今回MVPになったことで、今では〝里さんを超えたい〟という新しい目標ができました。だから、プロで結果を残して次の韓国大会に挑みたいと思っています」

前向きな発言に終始していた磯崎に対して、新宮の表情は今もなお冴《さ》えない。今後の自分のあり方について深い悩みの渦中にあり、今後についても迷っている。

「今回はまったく、自分のいい面が出せないまま終わってしまいました。もちろん、リベンジできるのであればリベンジをしたいとも思うんですけど、今のままではそれも難しいと思うんです。大学一年の頃の自分の実力を100だとしたら、カナダ大会では50ぐらいでした。そして、今回の宮崎大会では0でした。このまま野球を続けていてもいいのかどうか……。野球以外の違う道でもやりたいことが見つかりつつあるし……。そんなことを今、考えています」

――この大会で学んだことは何ですか？

酷な質問だと思いつつ、新宮に問いを投げかける。

「自分の弱さ、ですね……」

即答だった。新宮はなおも続ける。

「……本当に強い人って、常に堂々とできると思うんです。六角なんかは強い人だと思います。でも私は、自分の悩みを〝ちっぽけなものだ〟と考えることができなかった。これが自分の弱さなんだと思います。これまでにそんな経験はありませんでした」

消え入るような声で新宮は言った。でも、新宮は知らない。自分の弱さを知ることこそ、真の強さを手に入れるための最善の方法であることを。

07年から始まった「同級生」たちの物語は、新局面を迎えつつある。

15年に控えた第7回ワールドカップ・韓国大会。

3人の「同級生」はどんな状態、状況下でこの大会を迎えるのだろうか？

大倉さんが《心の準備20ヶ条》をみんなに配ったときにはワクワクしましたね。私、そういうのを考えることが本当に好きなので、書かれていることを読んだときには鳥肌が立っていましたから（笑）

——六角彩子

今まではワールドカップMVP投手として、〝もっとしっかりしなくちゃ〟と思って、それがプレッシャーになっていたけど、里さんが今回MVPになったことで、今では〝里さんを超えたい〟という新しい目標ができました

——磯崎由加里

私は、自分の悩みを〝ちっぽけなものだ〟と考えることができなかった。これが自分の弱さなんだと思います

——新宮有依

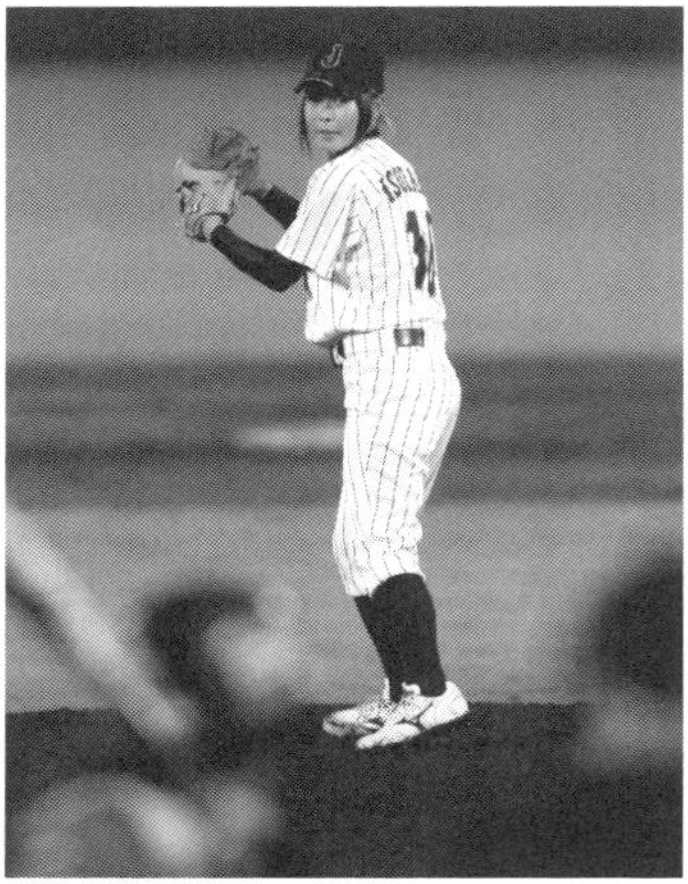

第7章 *Madonna Japan*

ミジンコメンタルの奮闘

加藤 優

中学時代から注目されていた期待の逸材

ある日を境にして、まったく環境が変わってしまうことがある。

たとえば芸能界では、昨日まではまったく無名の普通の少女が、あっという間に人気絶頂のアイドルに生まれ変わる。少女は一夜にして時代の寵児となり、世間の人々は、彼女を「シンデレラガール」と呼んでもてはやす。

世間ではまだまだマイナースポーツである女子野球界ではあるものの、今回のマドンナジャパンにおいても「シンデレラガール」が誕生した。

加藤優、野球界にも美人すぎる選手キター

ついに、野球界にも「美人すぎる選手」が登場した。

女子野球の日本代表「マドンナジャパン」の合同自主トレが22日、千葉・柏市内でスタートした。26人で初練習を開始したが、中でも目立っていたのが3回目の挑戦で候補生入りした加藤優外野手（18＝アサヒトラスト）。常に大きな声を出すなど若さあふれるプレーでひときわ目立っていたが、注目を浴びたもう一つの理由はその容姿だ。１６７センチの長身にスラッと伸びた手足。小さな顔に対し、大きな目が印象的だ。

現在は知り合いに誘われタレント事務所にも所属している。自らの希望ではないため「特に何の活動もしていません（笑）」と苦笑いするが、思わず声をかけたくなるのはうなずける。9月1日に始まるW杯までには代表選手は20人に絞られる。「最後まで残ってレギュラーになりたいです」と目を輝かせた。

［2014年2月22日20時11分］

この報道を境にして、少女の運命は激変する。

加熱する一連の報道禍の中で、彼女は疲れ果て、傷つき、そして思うような結果を残せないまま代表選考で落選する。しかし、この経験を糧《かて》にして、次なる目標に向かって彼女はふたたび歩き始めている。「美人すぎる」と称されたことで、彼女の運命は、そして人生はどう変わったのか？

一連の騒動を経て、彼女は何を身につけたのか？

加藤優《ゆう》の野球人生を追いかけてみたい——。

＊

1995（平成7）年5月15日生まれの加藤優は5歳のときにすでに、父親の作った軟式野球チーム「秦野ドリームス」に入団する。元々は右利きだったけれども、「左打ちの方が有利だから」という理由で、バッティングだけ左打席に矯正された。

小学三年生の頃には男子に交ざって試合に出るようになる。ポジションはキャッチャーだった。小学四年時にはすでにトップチームに入り、男子上級生たちの中でレギュラーとなり、五年生の頃にはキャプテンとなった。

「とはいっても、父親が監督だったから、自分の娘をキャプテンにした方が、みんなの見せしめとして叱りやすいというのがあったみたいですけどね（笑）」

中学に進学するときには、地元中学の軟式野球部ではなく、本格的に野球をやろうと「二宮大磯リトル」へ進み、中学一年の冬には「秦野フロイデボーイズ」へ。

ちょうどこの頃、僕は加藤優の存在を知った。古い資料を引っ張り出してみると、「ボーイズリーグニュース」09年5月号のトップニュースに「ボーイズリーグ初・女子の東西対抗戦開催」と見出しが打たれて、彼女の写真が大きく掲載されていた。

ボーイズリーグ初・女子の東西対抗戦開催

今夏、第40回目を迎える選手権大会の特別記念イベントとして、中学生の部の女子選手による史上初の「東西対抗戦」が開催されることになった。4月22日に開かれた第4回ブロック長会議で話し合われ、各理事に稟議書を回して承認可決された。現在、中学生の部・女子選手は全国に46人（4月30日現在）おり、これを東軍（24人）と西軍（22人）に分けて、2チームを編成。8月2日、久宝寺球場での選手権大会開会式直後にこの試合を行おうという計画だ。さて、どんな〝熱い戦い〟が展開されるのか。ボーイズリーグ初の試みが注目される。

試合本番では先頭打者として登場し、いきなりランニングホームランを放って優秀選手賞を獲得した。さらに、翌10年にはマドンナジャパンのセレクションを初めて受けて二次選考で落選。しかし、当時まだ14歳ながら、加藤の非凡さは光っていた。

大倉孝一監督をはじめとする女子野球関係者は一様に、「将来のためにも、今後の代表合宿も経験させたらどうだろうか？」と意見が一致。加藤を練習生として採用することに決めた。

この頃、僕は初めて彼女にインタビューをしている。中学生ながら光るものを持っていたことはもちろん、関係者が惚れ込むその才能の一端を知りたかったからだ。

当然、中学卒業後は女子硬式野球部のある高校に進学するものだと思っていた。しかし、意外にも加藤が選んだのはソフトボールの強豪・厚木商業高校だった。

「このときはすごく悩みましたね。自分は女子硬式野球部のある高校に行きたかったんですけど、兄も私学で寮に入っていたので、家から通える学校を探しました。そうすると、蒲田女子か駒沢学園女子のどちらかでした。体験入部もしてみて、駒女の雰囲気がよくて、〝ここに入りたい〟と思っていました。でも、ちょうどそのときに厚木商業のソフトボール部の監督さんから、〝うちに入りませんか？〟と連絡が来て……。親は私にソフトをやらせたかったみたいで、渋々というわけではないんですけど、厚木商業に入ることにしました」

全国優勝の実績を誇る厚木商業高校ソフトボール部の練習は厳しかった。

それでも、一年時から試合出場の機会を得る。しかし、心の奥底にあった「野球をやりたい」という思いは消えることはなかった。ちょうどそんなときに、挟殺プレーの練習中にボールが顔面を直撃して骨折してしまった。

せっかくベンチ入りメンバーになったものの、負傷のために休養を余儀なくされる。それでも、「レギュラーになるまでは辞めない」と頑張ったが、人間関係のもつれなどもあって高校一年秋にソフトボール部を退部する。

その後、数ヵ月の間はソフトボールのことも、野球のことも何も考えたくなかった。しかし、年が明ける頃には「やっぱり野球がやりたい」という思いが強くなってくる。

「中学のときに出場したボーイズリーグの東西対抗戦で知り合った小川麻琴さんがアサヒトラストでプレーしていたんです。それで、小川さんに相談してトラストの練習を見学しました。そのときに、そのレベルの高さにすごく驚きました」

当時のアサヒトラストには有望選手がたくさんそろっており、西朝美《ともみ》、志村亜貴子、今井綾子、山崎まりなど日本代表経験者がずらりと並ぶ強豪チームだった。アマチュア球界を代表する選手たちを目の当たりにして、加藤の中に眠っていた情熱がよみがえる。

「かつて、自分の中にあったものが、このときよみがえってきたような感覚でした。このとき素直に〝もう一度、野球をやりたいな〟と思えました。私は気がついたら5歳のときに野球を始めていたので、〝どうして自分は野球をやるのか？〟という理由が何もなかったんです。でも、このとき初めて、自分の意志で野球をやるということになりました。やっぱり、ジャパンの選手たちが間近にいるという環境は、自分にとって大きかったですね」

少し遠回りはしたものの、12年2月、加藤はふたたび女子硬式野球に戻ってきた。それは、高校一年、冬のことだった――。

突然、降りかかった「美人すぎる」騒動

高校時代はクラブチームのアサヒトラストで汗を流した。春と秋に行われるヴィーナス・リーグで活躍し、順調に選手としての成長を遂げていく。

高校三年の11月にはプロとアマが激突する第3回ジャパンカップに出場。このとき、日本代表経験者であり、女子プロ球界を代表するエース・小西美加と初めて対戦する。

「女子プロ野球でもっとも有名な小西さんと対戦できるというので、ものすごく燃えました。チームは大敗したけど、私自身は小西さんから2安打を放ちました。自分のウリであるバッティ

ングで結果を残せて、すごく自信になりました」

この日、加藤は五番ライトでスタメン出場を果たして3打数2安打を記録する。

11月30日、12月1日には、第6回ワールドカップに向けてのトライアウトが予定されていた。プロの一流投手相手に結果を残したことで、一ヵ月後に控えた日本代表選考に向けての手応えをつかんでいた。

そして、加藤は見事にトライアウトを突破。代表候補26名の中にその名を連ねた。中学時代から、才能を買われていた彼女もすでに高校三年生になっていた。

年が明けた2月22〜23日、代表候補26選手による自主トレーニングが行われた。新生マドンナジャパン始動とあって、JR東日本グラウンドには多くの報道陣が詰めかけた。

この中に、アサヒトラスト所属の加藤優の姿もあった。当日は同じチームでマドンナジャパンのキャプテンでもある志村亜貴子もいれば、かつてチームメイトだった西朝美もいる。さらに、中学時代から、その才能に注目していた大倉孝一が監督として控えている。

加藤は全力で代表選出に向けてアピールすればよかった。

しかし――。

初日の練習が終わり、宿舎に戻るべく道具の片付けをしているときに、加藤はスポーツ新聞の記者に声をかけられる。

「ちょっと、お話を聞かせてもらってもいいですか?」

それが、その日の夜に「美人すぎる選手」としてネット上に配信されることになるインタビュー取材の始まりだった。僕はその光景を横から見ていた。取材内容は特別、加藤のルックスに注目したものではなかった。野球を始めたきっかけ、今大会にかける意気込みを中心に質問はなされていた。しかし、彼女がスカウトされて芸能事務所に所属していることがわかると、質問の方向性が少しずつ変わってくる。

おそらくこの過程で、記者の頭の中には「美人すぎる選手」というフレーズが浮かんでいたのだろう。そして、その日の20時11分に冒頭に掲載した記事がアップされた。

インターネット上ではすぐに大きな話題となった。

当然、好意的な反応ばかりではない。いわれなき誹謗中傷や興味本位の無責任な発言も多かった。ここで大きな問題が起こった。これらの玉石混交のインターネット上の発言の数々を、当の加藤本人が目にしてしまったのだ。

芸能人や有名人の間には、自分の名前を検索する「エゴサーチ」はするな、というインターネット全盛時代ならではのメディアリテラシーがあるという。根拠のない誹謗中傷を目にしても、傷ついたり、不愉快になったり、他者への不信感を抱いたり、百害あって一利なしだという考えから生まれた鉄則だった。

しかし、このとき加藤はこれらの発言の数々を目にしてしまった。

「私、本当にバカだから、よせばいいのにその日の夜にネットとか見ちゃったんです。本当にビックリしました。まさか、あんな見出しで記事になるとも思っていなかったし、それを人がどんな風に読んだのかを知ってしまったし……。それで、あの日の夜は満足に寝られませんでした」

　このときの心境を聞くと、一瞬にしてその目に涙が滲んだ。

「……次の日も自主トレがあるのに、あんまり寝ることもできなかったし、まわりの目も気になってしまったし。自分は何も実績がないから、〝これからアピールしよう〟と思っていたときに、あの記事が出て。きちんとアピールしなきゃいけないのに、〝他の人はあの記事を読んだのかな？私のことをどう思っているんだろう？〟って、他人の目が気になってしまって……」

　救いだったのは、普段の加藤のことをよく知る志村や西、そして代表歴の長いベテランの金由《こんゆ》起子《きこ》らが、「気にすることないよ」と慰めてくれたことだった。

　しかし、もちろん全員が全員、好意的な反応ばかりでもなかった。

「誰とは言わないけど、年の近いコたちからはすごくライバル視されているように感じました。別に嫌がらせを受けたわけではないけど、ある人からは〝アイドルは辛いねぇ〟って、すごく嫌味っぽく言われたりしました……」

　この瞬間、加藤の目から大粒の涙がこぼれ落ちる。

「まさか、そんなことを言う人がいるとは思いませんでした……。もちろん、それは一部の人なのかもしれないけど、ビックリしました……」

　しばらくの間、加藤の涙は止まらなかった——。

テレビカメラの前で流した涙の意味

そして、この「美人すぎる選手」騒動は、他のメディアにも波及していく。すぐにテレビ局数社からの取材が加藤にもたらされた。このとき、彼女は断ることもできた。

しかし、加藤はそれをしなかった。それまでに味わったことのない体験に興味や好奇心が芽生えたのかもしれない。それとも、どんどん物事を進めていく大人たちに対して「ノー」ということにためらいがあったのかもしれない。あるいは、「自分を通じて女子野球が少しでも注目されれば……」という責任感があったのかもしれない。

いずれにしても、このときから大小さまざまなメディアが「美人すぎる選手」の一挙手一投足を追いかけるようになった。4月に行われたマドンナジャパン対関東選抜の強化試合、5月に岡山で行われた代表合宿と、彼女のまわりには常にテレビカメラが密着していた。

騒動の渦中にあった頃、僕は彼女にメッセージを送った。今、どんな状況にあるのかということ、そして彼女が精神的に参っていないかを知りたかったからだ。返信はすぐに来た。

そこには、どのような騒動が彼女のまわりで起きているかについてひと通り触れた後に、こんなひと言が書かれていた。

「私、ミジンコメンタルなんでかなりへこみました……」

当時18歳の女子野球選手が、いきなり世間からの注目を浴びて、好意的な反応も、否定的なものも含めて、その全部を一身に背負うことなどできるはずがないのだ。どんな人間であっても、精神的に参ってしまうだろう。誰もがミジンコメンタルで当然なのだ。それでも彼女は言った。

「私を通じて、少しでも女子野球が注目されるのならば、たとえそれがどんな話題であっても構いません」

それはかつて片岡安祐美《あゆみ》が、そして川端友紀《かわばたゆき》が口にした言葉とまったく同じだった。「女子野球界のアイドル」として、片岡や川端がグラウンド外の報道に翻弄されていた頃に、彼女たちが放った言葉と、まったく同じことを加藤優も口にしていた。

それでも如才なくメディアへ対応している姿を見ていると、彼女自身も楽しんでいるようにも見えた。人前で話すこと、注目されることは得意なのかもしれない。しかし、野球選手であるならば、グラウンド上のプレーで注目されたいという思いは当然強いはずだ。

アサヒトラスト時代に加藤とチームメイトだった西朝美が一連の騒動を振り返る。

「加藤の性格を自分は知っているので、心配はしていました。彼女はすごく真面目で黙々と練習するタイプなんです。今回の彼女は、もう少しでジャパン入りできるという、今までで一番大事なときだったと思うんです。その大事なときに密着取材が入ってしまった。彼女が何度も代表入りしている選手だったら、別にいいと思うんです。でも今回、彼女を追いかけるのはちょっと早かったと思いますね」

そして、西は仲のいい片岡安祐美の例を持ち出した。

「自分、片岡さんからいろいろと聞いているんです。彼女も〝顔がかわいい〟とかずっと言われていましたけど、あるとき、〝かわいいなんて言われたくない〟って言っていました。たぶん、それが本音なんだと思います。……私にはわからない悩みですけどね（笑）」

西と同じく、第2回大会から連続で日の丸を背負っている中島梨紗《なかしまりさ》は言う。

「加藤はすごく真面目なんですよ。ただ、真面目すぎてちょっとどこか抜けている（笑）。すごくいい選手だと思います。でも、〝もう少しまわりが見えたらいいのにな〟といつも思っていました。加藤優の場合は山崎まりにとても似ているんです」

加藤と同じくアサヒトラストに在籍し、日本代表経験を持ち、現在ではJWBL・埼玉アストライアに所属する山崎まり。彼女もまた生真面目な性格でとことん思いつめるタイプだった。確かに、山崎と加藤はよく似ている。そして、一連の騒動について話は続く。

「本人がどう思っているかはわからないけれど、私はせっかくなのだから〝もっともっと女子野球をアピールしてほしいな〟と思いますね。（片岡）安祐美は頭のいい子だから、すごくしゃべれるじゃないですか。だから、すごく女子野球のためになっていると思うんです。大変かもしれないけど、加藤にもその役割は頑張ってほしいと思いますね。それは（川端）友紀もそうですね。友紀にはもっともっとメディアに出てほしいです」

加藤優を取り巻く環境はしばらくの間、落ち着きそうになかった。

実はこの頃、加藤のコンディションは決して良好ではなかった。4月にヴィーナス・リーグで右膝に受けたデッドボールの影響で、まともに練習ができていなかった。5月の合宿に向けて、「一ヵ月で何とか治そう」と頑張ったものの、万全にはほど遠い状態だった。

「岡山合宿のときは、自分の中でも〝動けていないな〟とか、〝身体のキレもないな〟と思っていました。不安要素だらけの中で臨んだ合宿だったけど、あの時点の自分なりのベストは尽くせたと思っています。だから、後悔はありません」

このとき、痛めた足をかばいながら強化試合に出場している加藤の姿を見ていて、僕は「厳しいけれど、今回で代表候補から外れるだろう」と思っていた。代表候補選手の中での加藤の位置づけは「外野のできる左の強打者」というものだった。しかし、このときプロから合流した三浦伊織《いおり》こそ、まさに「外野のできる左の強打者」だった。さらに三浦は俊足で、守備範囲も圧倒的に広い。同じ役割ならば新宮有依《しんぐうゆい》もそうだった。新宮の場合は投手としても計算できる。

役割がかぶる一流選手がふたりもそろっていれば、どうしても加藤の存在はかすんでいた。

しかし、その一方で、「これだけ話題になっている選手を大倉監督は外すのだろうか？」という疑念もあった。言葉は悪いけれども、他の選手にない加藤の大きな役割は「世間の注目を集めるための華」という側面があったことは紛れもない事実だった。

私、ミジンコメンタルなんで
かなりへこみました……
——加藤 優

5月10～11日にかけて、岡山での代表合宿が行われた。

この合宿からはプロ選手たちも合流し、代表争いは一段と熾烈を極めることになった。

これ以上、話題作りのためだけに加藤を代表に残すべきではないと僕は思っていたけれど、はたして大倉はどう考えるのか？　あるいは、大倉の一存ではなく、彼女に密着しているテレビ局などのしがらみによって代表選出に何らかの影響が出るのかもしれない。

そんなことを、僕は考えていた。

そして、全日程を終えた11日の練習終了後、選手たちは別棟にある会議室に集められ、選考結果を告げられた。ここで代表候補32名が22名に絞られる。一気に10名が脱落する過酷な競争だった。そして、選考通過者の中に加藤優の名前はなかった。後に大倉は選考理由を解説する。

「優も当然、いいものを持っているんだけれども、じゃあ彼女がレギュラーでフル出場できるかと考えたときに、まだ疑問が残ります。じゃあ、代打がいいのか？　代走がいいのか？　それとも、守備固めなのか？　そのすべてがまあまあだけれど、飛び抜けていいものはまだない。彼女の場合は総合力を上げるか、何か一芸に秀でるか。どちらもまだ足りないと判断しました。もちろん、ただ〝人気があるから〟という理由で代表に残すつもりもありませんでした」

そして、大倉はこのとき加藤にかけたというひと言を教えてくれた。

「優が覚えているかどうかわからないけど、あのとき僕は〝今度はぶっちぎりで来いよ〟と声をかけました」

さらに、今回の「美人すぎる選手」騒動について言及する。

「彼女があの騒動をどう思っているのか、僕は知りません。ひょっとしたら、ただ傷ついただけではなく、みんなに注目されて嬉しかったのかもしれない。でも、僕が懸念するのは、今回のような騒動のせいで、彼女が勘違いしてしまったり、野球に集中できなくなったりしてしまうこと。それだけが心配だけど、ジャパンの監督として彼女にそういうことを言える立場ではないと思っていたので、静観していました」

改めて、選考結果を知らされたときの感想を加藤に聞いた。

「このとき、自分が受からないのはわかっていました。練習でも試合でも満足にアピールできなかったので、発表前には覚悟をしていました。でも、それなのに……」

感情がこみ上げてきて、加藤は言葉に詰まる。

「……スミマセン、ちょっとトラウマになっていて」

これ以上、話を聞くのは酷だと思い、ひとまずインタビューを切り上げようと思った。しかし、彼女はしゃくりあげながらも、なおも自らの思いを必死に言葉にした。

「……自分ではもう落ちるとわかっていました。でも、メディアの人たちは〝受かると思っているでしょ？〟と聞いてきました。……何でそんなことが言えるのかなって思いました。目の前でプロ選手たちの圧倒的な実力を見せつけられて、何でそんなことが言えるのかなって。〝みんな野球をわかっていないのかな？〟って、正直、思いました」

正式発表後、代表から外れた選手たちは別室に呼ばれた。そこで大倉は、一人ひとりに「よく頑張ったな、ありがとう」と礼を言い、今後の課題を告げていた。その時点からしばらくの間、加藤はマスコミの前から姿を消した。おそらく、泣くだけ泣いた後に気持ちを入れ替えて、改めてマスコミの前に出てくるのだろう。そう思いながら、僕は通路で待機していた。僕のまわりでは彼女に密着しているテレビクルーも同じように待機していた。

やがて、スーツに着替えた加藤が現れた。

泣きはらした様子はなく、その表情はすでに凛としていた。このとき、バックステージでは「わざわざマスコミの前に出ていく必要はないよ」とスタッフから制止されていたものの、「いえ、私は出ていきます」と自発的に現れたのだということは後で知った。

登場を待ち構えていたテレビスタッフが彼女を取り囲む。

——今の心境を教えてください。

何てつまらない質問をするのだろう。そう思いながら僕は遠巻きにその光景を見つめていた。矢継ぎ早に繰り出される質問に対して、加藤は気丈に答え続けた。

ずっとジャパン入りをめざしていたので、今はまだショックが大きいこと。自分の実力がまだまだだと気づかされたということ。気持ちを入れ替えて、また明日からの練習に励むつもりだということ。次回の挑戦では、絶対にジャパン入りを実現させたいということ……。

インタビュアーは聞くべきことを聞き、加藤は答えるべきことをきちんと答えた。

それでも、インタビューはなかなか終了しなかった。なおも執拗に同じような質問を繰り返していた。明らかに「泣かせよう」とする誘導尋問だった。彼女が大粒の涙をこぼす場面をどうしてもテレビカメラに収めたかったのだ。

「つい、泣きそうになるんですけど、そういうそぶりは絶対に見せたくなかったので、グッとこらえていました」

しかし、ついに彼女はこらえきれずに涙をこぼした。もちろん、その瞬間をテレビカメラは逃さなかった。後にこの場面は、たびたびテレビで流れることになる。

ようやく収録が終わり、報道陣が撤収作業を始めた。すると、インタビューを終えた彼女が近づいてきた。何と声をかけていいか迷ったけれど、僕はひと言だけ口にした。

——大変だったね。ミジンコメンタルは強くなった？

真っ赤な目をしながら、精一杯の笑顔で加藤は言った。

「ハイ。ミジンコよりは、ちょっとはマシになったと思います」

そしてふたたび、以前口にした発言を繰り返す。

「それでも、私を通じて女子野球が注目されるのなら、いろいろあったけれども、それはいいことだと思います」

このときから十ヵ月が経過する頃、改めてこの場面を振り返ってもらった。

「たぶん、泣かせたかったんでしょうね。途中から、〝何が一番悔しいですか？〟って何度も聞かれて、〝そこまで聞かなくていいのに〟とか、〝一体、どう答えたらいいの？〟って思っていました。一度、もう答えているし、嘘はつきたくないし……。あの場面が一番トラウマです」

もちろん、すべてのメディアに対して彼女は傷ついたわけではない。誠意を持って取材してくれた人々には、今でも感謝の念を抱いている。

「自分が落ちたときには、すごく気を遣ってくださった方もたくさんいました。そして、結果的にすごくいいVTRにまとめてくださった番組もありました。全部が全部、イヤな思い出ばかりではないんだけど、辛い思い出もあったのはやっぱり事実ですね」

結局、僕もまた彼女のトラウマを蒸し返してしまっているだけだということは自覚していた。それでも質問を続ける後味の悪さ、そんなものを僕は噛みしめていた。

ワールドカップで学んだこと

加藤が代表候補から外れた後も、マドンナジャパン候補選手たちは6月に宮崎で、8月に松山で合宿を行った。8月の合宿は、直前まで坊っちゃんスタジアム、マドンナスタジアムにおいて、10回目となる「伊予銀行杯全日本女子硬式野球選手権大会」が行われていたため、多くの女子野球関係者が見学に訪れていた。

自分ではもう落ちるとわかっていました。
でも、メディアの人たちは
〝受かると思っているでしょ？〟と聞いてきました

——加藤 優

坊っちゃんスタジアムで日本代表チームと女子プロ野球選抜チーム・JWBLオールウエストによる強化試合が行われていたときのことだった。

この試合のスタンド最前列に加藤の姿があった。全国大会終了後も松山に残って、改めてマドンナジャパン戦士たちのプレーを参考にしようと考えたのだった。

グラウンドではかつて、ともにしのぎを削った仲間たちが生き生きと躍動している。幸いにして、代表チームのサインも変わっていなかった。大倉がどんなサインを出し、選手たちがそれをどう実行するのか？　観客席から客観的にそれを眺めることはとても勉強になった。

試合途中にスタンド最前列に加藤の姿があることに大倉が気づいた。

「おい、優！　お前、何でそんなところに座ってるんだ？」

突然の問いかけに加藤は慌てた。大倉はなおも続ける。

「そんなところに座ってないで、お前も早くこっちに来い！」

そう言いながら、ベンチに向かって手招きをしている。事態が呑み込めた加藤は、大きな声で「ハイ！」と叫ぶと急いで駆け出した。

そして、すぐにベンチに入り、仲間たちに大声で声援を送った。打ち終えたばかりの打者のバット引きを率先して買って出た。ベンチに戻ってくる選手たちをハイタッチで迎えた。その表情は実に嬉しそうだった。

彼女の姿を見て、大倉は思っていた。

（こいつは、ホントに野球が好きなんだな……）

この瞬間のことは、加藤にとってもいい思い出になっている。

「あのとき、先輩と一緒にスタンドで見ていたんですけど、ベンチからのサインもわかったし、大倉監督がどんな指示を出しているのかを聞きたかったので、先輩と離れてベンチの近くで観戦していました。そうしたら、大倉さんが〝早くこっちに来い〟って言ってくれて……。あのときは〝とにかく早く行かなきゃ〟という気持ちでした。いや、とにかく嬉しかったな（笑）。とまどいは何もありません。監督の話も近くで聞きたかったし、試合も近くで見たかったから」

試合後には、夕暮れ時のグラウンドで即席の打撃指導が始まった。

マドンナジャパンが誇る長距離砲である西朝美、川端友紀、そして金由起子が、薄暮の空に向かってロングティーを繰り返している。その姿を加藤は自分の携帯を使って動画撮影していた。

「女子野球界でも指折りの選手たちが、あんな間近にいてそれをあの距離で見ることができるなんて、本当に幸せでした。普段から動画は撮っているんですけど、あの場面は〝もう、撮るしかないでしょ〟って感じで、夢中で撮りました（笑）」

マスコミ報道について語っているときとは一転して、白い歯をこぼし、大きな目を輝かせながら、加藤優はあの日の思い出を振り返った。

＊

9月のワールドカップ本番においても、宮崎・サンマリンスタジアムのスタンドに加藤の姿はあった。金曜日まで仕事をして、土曜日の午前便で宮崎に入った。9月6日、そして7日、アメリカとの2戦を加藤はスタンドから見守っていた。

「もちろん、尊敬する志村さんの応援のつもりで宮崎に行ったんですけど、やっぱり途中からは《応援》というよりも、《勉強》という気持ちの方が強くなっていきました。海外での大会だと難しいけど、せっかくの日本開催だから、〝世界を見るチャンスだ〟と思って駆けつけました」

代表候補として一緒にプレーをした仲間たちがグラウンドで躍動している。日の丸を背負ってアメリカとの威信をかけた戦いに挑んでいる。

もう少しで手が届きそうだったものの、その手からするりとこぼれ落ちた加藤優の夢——。

ワールドカップの決勝戦を現地観戦したことは彼女にとって、新たなモチベーションとなる大切な出来事だった。これからも、「美人すぎる選手」として注目され続けるだろう。傷つき、心が折れたこともあった。けれども、今では誰にも真似のできない「使命」を実感している。

——他の選手が経験しなくてもいい、「女子野球を広める」という役割を背負っているという自覚はありますか？

本当は「自覚」ではなく、「覚悟」と問いたかった。しかし、二十歳《はたち》になったばかりの彼女に過度のプレッシャーを与えることはしたくなかった。しかし、加藤はきっぱりと言い切った。

「今はあります」

そう、かつてはその「自覚」はなかった。しかし、一連の騒動の果てに今でははっきりと「覚悟」を、その胸に抱いている。

「これから女子野球が発展していく中で、自分みたいにメディアに取り上げられる子も出てくると思います。その子が自分みたいな思いをしないで済むように。そんな気持ちが芽生えました。自分はもっともっと女子野球を広めたいと思っています」

15年春、彼女は勤めていた会社を辞めて、より野球に専念する環境を作り出した。

その一方で、その抜群の歌唱力が買われて、所属事務所の後押しを受けて歌手デビューすることも決まった。元々、趣味で弾いていたギターで、しばしば自作の歌を作っていた。その腕を評価されてのデビュー決定だった。野球では悲願のマドンナジャパン入りをめざし、シンガーソングライターとしては人々の心に響く歌を紡ぎたいと考えている。

マドンナジャパンとシンガーソングライターとの両立――。

当然、一部からは「どちらも中途半端になるに決まっている」という批判の声も上がっている。それでも、自分の可能性にかけたいと彼女は思った。

また、「もっともっと高いレベルで野球をやりたい」との考えから、高校卒業時には断念したJWBL入りを視野に入れている。彼女のプロ入りが実現すれば、さらなる話題を呼ぶのは間違いないだろう。

「大会が終わってからもずっと、〝ジャパンで外野手のレギュラーになるにはどうすればいいのか？〟と考え続けてきました。そして頭に浮かんだのがプロの世界でした。もしもプロ選手になって、そこで埋もれてしまうのならば、そもそもジャパン入りできる選手ではないということ。常に目標は高く持っていたいので、思い切って挑戦したいと考えています」

ここしばらくの間、彼女を取り巻く環境はさらに激変する。自ら積極的に環境を変えることを望んでいるのだろう。そこにあるのは「不安」ではなく、自分自身への「期待」なのだろう。自分で自分を信じられなくなったときに、人は成長をやめるのかもしれない。

彼女はまだまだ、自分の将来に対する希望と期待でいっぱいだ。

この先、どんな運命が彼女を待ち構えているのか？　悲願のマドンナジャパン入りは実現するのか？　16年の第7回ワールドカップ・韓国大会において彼女の雄姿は見られるのか？

最後に、改めて尋ねたい質問があった。

――一連の騒動を経て、ミジンコメンタルは少しは強くなりましたか？

少しだけ首をかしげて、彼女は小さく笑う。

「フフフ……、そうですね、強くなったと思います、あのときよりも」

そう言うと、真っ直ぐ、前を見据えたまま続ける。

「ミドリムシぐらいにはなったのかな？　……ところで、ミジンコとミドリムシって、どっちが大きいんでしたっけ？　よくわかんないや。そうだ、アリぐらいにはなったのかな？　うん、アリかな？　アリぐらいにはなったと思います」
陽気な笑い声が、その場に響き渡った――。

23

第8章 *Madonna Japan*

ベテランと新鋭、そしてプロの融合

ベテランたちの胸に秘めた思い

「今回の宮崎大会で、そろそろジャパンは終わりかなと思っていました……」

北海道・札幌で久しぶりに仕事帰りの金由起子《こんゆきこ》と会った。

１９７７（昭和52）年生まれの金は２００６（平成18）年に台湾で行われた第2回大会から一貫して日本代表選手であり続けていた。毎回、「今回が最後かもしれない」という覚悟を胸に大会に臨み、いつも見事な成績を残して12年のカナダ大会では打点王にも輝いた。

彼女の魅力は柔軟性のあるバッティング技術とその飛距離であり、長年にわたってマドンナジャパンの中心選手として欠かせない存在だった。金の独白は続く。

「……でも、考えが変わりました。あんな終わり方はしたくないです。今回、正直言ってつまらなかったです。まだ自分でもうまくなっている、飛距離も延びているという実感があります。もしも、〝もう金はいらない〟と言われたらそれまでだけど、そう言われるまではやれるところまでやろうかな？　そんなふうに考えが変わりました」

どうして、「ジャパンは終わりだ」と思ったのかを尋ねる。

「今回、埼玉・行田で行われた代表合宿のとき、目の調子がどうしてもおかしくてファーストフライをふたつエラーして、ライトゴロの送球にもうまく対応できなかったんです。次の岡山合宿のときも、バッティングがまったくダメで、次の宮崎合宿でも調子が上がらず、試合でも使ってもらえなくて……。幸いにして目は治ったたし、バッティングの調子も戻ったけど、〝もし選ばれたとしても出番はないんだな〟と思っていたし、自分でも衰えを感じていました」

それでも金は今回も代表入りした。このとき、「今回の私にできることは、控え選手としてチームを支えることだ」と気持ちを切り替えた。ところが今大会でも2戦目の香港戦、3戦目のベネズエラ戦、4戦目のカナダ戦、そして、決勝のアメリカ戦と、全6戦中4戦にスタメン出場を果たしている。それなのに、どうして「つまらなかった」のか？

「最初の香港戦のときに、〝これが最後のスタメンだな〟と思っていました。それでも、次の試合にも使ってもらえました。だけどこの試合は気持ちの準備ができていなくてノーヒットでした。そんなことはないのかもしれないけど、このときの大倉さんの表情がすごく冷たく見えました。そんなつもりはなかったんでしょうけど、すべてを悪い方に感じてしまった気がします……」

大会期間中、いつも自分が座るバスの席に誰かの荷物が置かれていた。もちろん悪気などない。それでも、「誰かが意地悪をしているのでは？」と疑心暗鬼に陥っていた。チーム最年長だから、自ら雰囲気を悪くすることはできない。誰にも相談できなかったから、かつての代表コーチであり、大倉ともつき合いの長い松本彩乃に電話をかけて悩みを打ち明けた。

話しているうちに、少しずつ気持ちも晴れ、つい安堵の涙がこぼれてくる。部屋で電話できないから、ロビーで通話をしていたところ、このとき、たまたま大倉と鉢合わせた。

異変を感じた大倉が事情を聞く。そして、金が抱えている悩みを大倉は知る。

4戦目のカナダ戦が始まる前に、金は大倉の部屋に呼ばれる。このとき、抱えていたモヤモヤを正直にすべて話した。

「失敗したり、うまくいっていない人への態度が冷たく見えます。それが私はとてもイヤです」

「そんなことはないよ。20人全員が必要な選手だと、ずっと言ってきているじゃないか」

「最年長のくせに、一番子どもだな」という自覚はあった。本音を告げるべきかどうか、金は最後まで迷ったけれど、本心を押し殺したまま過ごすのは耐えられなかった。やり取りは短かったけれど、自分の思いの丈を吐き出すことができたことは、金にとって大きな救いとなった。

ファーストのポジションは川端《かわばた》友紀《ゆき》に譲る形になった。しかし、それでも金のバッティングは今でも魅力的だ。指名打者としての役割は今後も十分あるはずだ。金自身も手応えを感じている。

「最初は今回で終わりだと思っていたけど、大倉さんに思いを伝えてすっきりした直後のカナダ戦で第一打席にツーベースを打って自信が芽生えたし、決勝でヒットが打てなくて悔しいと思ったし、そういう気持ちがあるうちはまだ現役を続けたいなと思ったんです。自分の不満を監督にぶつけて、本当に面倒くさい選手だと自分でもわかっています。でも、自分で納得のできるまで、もう少しこだわりたいんです」

それは、野球選手ならば当然持つ「エゴ」なのかもしれない。この向上心があるうちは、まだまだ自分の可能性を信じたいし、あきらめたくはなかった。

ワールドカップ期間中、北海道日本ハムファイターズの稲葉篤紀《いなばあつのり》が、シーズン途中にもかかわらず現役引退を発表した。携帯のニュースで稲葉の引退を知って驚いていたら、9月3日の深夜に当の稲葉から金の携帯にメールが来た。ともに北海道を拠点としている金と稲葉は、かつて一緒に自主トレを行ったこともある間柄だった。

「活躍しているのをヤフーニュースで見たよ。ぜひ世界一になってね、応援しています！」

自分の引退にはまったく触れることなく、マドンナジャパンの勝利と金の活躍を祝うメールだった。そこで、金は「そんなことより引退されるんですね」と返信した。

さらに優勝を決めた7日にも、「優勝おめでとう！」とメールが届いた。

「稲葉さんからのメールはめちゃくちゃ力になりました。〝あぁ、見ていてくれるんだな〟と思って、とても嬉しかったです。決勝戦の映像も見てくれたようで、〝セカンドの子ヤバいね〟ってメールが来ました」

稲葉の言う「セカンドの子」というのは、決勝戦で見事なダイビングキャッチを決めた出口彩香《でぐちあやか》のことだった。自身の引退問題を抱えながら、稲葉もまた金の心の支えとなってくれた。

宮崎大会終了後には道民栄誉賞も受賞した。女子野球に理解のある職場からの応援もある。紆余曲折がありながらも、金の目はすでに16年の韓国大会に向いている。

「やっぱり、このままでは終わりたくないですから。次回はもっと厳しい争いになると思うけど、自分が成長していると思う間は、まだまだ頑張ります」

第2戦の香港戦で活躍した金は試合後のインタビュールームに現れて記者会見を行った。

「元気を出してプレーするのが日本の野球だと思っているので、オバサンも元気を出してチームを引っ張っていきたいです」

今大会では川端友紀という女子野球界を背負って立つべき逸材がファーストを守ることになった。ポジション奪回は容易ではない。

それでも、自らを「オバサン」と語る金の挑戦は、これからも続いていく——。

＊

「年齢が年齢なので、あちこち痛いところもあったり、疲れが取れにくかったりしますけど、大きな怪我もなく、引き続き学校で勤務もさせてもらって環境はいいと思います」

前回のカナダ大会に続いて、今大会でもキャプテンを務めた志村亜貴子とは仕事帰りの地元の居酒屋で会った。志村は現在、都内の公立中学校で野球部の指導をしていた。

「合宿初期は高校生が多いし、新しい子も多かったので、コミュニケーションにぎこちない部分もあったけど、プロが合流してチームの雰囲気が変わりましたね。ここからチームが引き締まったし、その頃からキャプテンとしては苦労することはなかったです」

代表初選出の笹沼菜奈、石田悠紀子《ゆきこ》が率先して、いじられ役、ムードメーカー役を買って出てくれたのは志村にとって、「とてもありがたかった」という。また、前回大会では「プロとアマの融合」に頭を悩ませたものの、今回はその問題もスムーズに解消されていた。

「今までずっとジャパンだったナカシ（中島梨紗《なかしまりさ》）や里がプロにいたのも大きかったし、川端も三浦、厚ヶ瀬《あつがせ》たちもジャパン経験があったので、今回はスムーズでした。できるならば、もっと早く、最初から合流してほしかったですね」

大会期間中の部屋割りを決めたのは志村と中島だった。個々人の相性や性格、年齢のバランスなどを考慮して、頭を悩ませながら割り振りを決めた。しかし、唯一の誤算だったのは「磯崎と西との反目」だった。

「途中、西から磯崎《いそざき》のことは聞きました。前回大会で、磯崎と西との信頼関係ができていたので同部屋にしたけど、今回は磯崎も本調子じゃなかったし、大学を卒業して環境が変わったことで、いろいろと不安も大きかったのかもしれないですね。ただ、お互い大人なのでふたりを呼び出して、私から何かをする必要はないかなと思って静観していました。あと、新宮《しんぐう》のことも気になりました。起用法については監督の考えもあるはずだから、私たちはどうしようもできない。自信のなさが試合にも出ているのを見ていて、かわいそうだと感じていました。だから、無駄に絡んで冗談を言ったりしたけど、それぐらいしかできることがなかったです。キャプテンとして、もう少し何かできたのじゃないかなという反省はあります。今回の大会、磯崎も新宮も〝本当に楽しめたのかな？〟っていう心配は今もあります……」

前回大会で初めてキャプテンに就任した際に、志村は言った。

「私は口でみんなを引っぱれるタイプではないので、行動や態度でみんなの手本になりたい」

その思いは、今回も同様だった。志村は常に率先してみんなの手本であり続けた。

「今までずっとジャパン選手としてやってきましたけど、今回のチームが一番強かったし、一番まとまりがあったと思います。私は今回も何もしていないけど、何もしなくても、みんなが自分の役割、やるべきことをわかっていました。私はあまりしゃべるタイプじゃないから、それでみんなが気をきかせて、自分から動いてくれるのかもしれないですね」

そして、志村はつぶやいた。

「……私、みんなに聞いてみたいです。〝私で、頼りなくないの？〟って」

確かに、志村は雄弁なキャプテンではない。けれども、ひたむきに取り組む姿勢、そして、何よりも「チーム第一」の姿勢は、すべての代表選手たちの見本となっているのは確かだ。

ある合宿でブルペンキャッチャーが不足した際に、石田が「私がやります」と言うのを制して、志村は「私が受けるから、あなたはベンチで監督の指示をよく聞いていなよ」と真っ先にブルペンに走っていった。志村とはそういうキャプテンだった。

大倉孝一監督による「心の準備20ヶ条」において、志村は次のように書いた。

①日本代表チームの一員として、日本全国の女子野球選手に敬意を表し、公私とも責任を持っ

て立ち振る舞わなければならないことを決意したか？

日の丸を背負っているので、プレーしているときに限らず、常日頃から代表であるということを自覚し、責任を持った行動をしなければいけないと深く理解している。また、女子野球の代表として、女子野球の発展と普及につながる努力をする。

②日本代表チームの一員として、自分の役割をまっとうする決意をしたか？

私はキャプテンという立場であり、その立場を十分に受け止め、理解し、日本チームのため、今後の女子野球のために全力を尽くします。

⑲どんな結果になろうとも、チームのために自分自身のあらん限りの力を発揮し、メンバー全員と協力し合うことを誓ったか？

キャプテンとして、チームのために自分の持っているすべての力を出し切り、全員で世界一という目標に向かって協力し合い、勝利へと導く。

⑳大会終了後、自分自身が全力を出し切った満足感をチーム全員で分かち合うことを誓ったか？

どんな気持ちも、チームで戦うからには、チーム全員で分かち合うのが当然。四連覇という最高の瞬間をチームメイト全員、スタッフの方々、宮崎のみなさん、支えてくれた方々と全員で分かち合う。

大会前に決意した通り、志村は今回もまた個性的な代表メンバーを見事に束ねて、多大なプレッシャーの中で見事に四連覇を達成した。志村ならではの寡黙なキャプテンシー。マドンナジャパンにはこれからも絶対に欠かせないものである。

＊

06年の第2回・台湾大会から、14年の第6回・日本大会まで、5大会連続で日本代表選手として戦ったのは、キャプテンの志村、副キャプテンの中島、チーム最年長の金、そして世界の大砲・西の4人だった。すでにベテランの域に差しかかった4人の選手は、それぞれが「代表引退」、「現役引退」を真剣に考える時期に差しかかっている。

中島は「今回が最後の代表選出だろう」と覚悟を抱いて大会に臨み、大倉の計らいもあって、アメリカ戦で有終の美を飾った。同じく、「今回が最後だ」という不退転の決意で臨んだ金も、西も、大会を終えた後に「まだまだできるのではないか?」と思いを改め、「次回の韓国大会でも、もう一度挑戦してみようか?」と考えつつある。西は言う。

「今大会を最後にジャパンは引退するつもりでした。かつては必死に練習する自分がいたのに、今では指導者としての時間が長くなっています。そんな選手がジャパンのユニフォームを着てもいいのかなって考えていました。でも、やっぱりあきらめきれないという思いもあります。みんなからも〝まだ辞めないで〟と言われて迷っています。もしも、まだ身体が動くのならば次のバトンを渡せる人が見つかるまで、もう少し頑張らないといけないのかもしれないですね」

では、志村の場合はどうか?

「私は、自分が現役でいる限りはジャパンをめざし続けます。そういう思いでやっていないとプレーもモチベーションも落ちてくると思うから。もちろん、本当に身体が動かなくなって、ダサいプレーしかできないようになったら、きっぱりと現役をやめるつもりです。でも、それまではもっともっと頑張るつもりです」

前人未到の大会四連覇は、こうしたベテランたちの奮闘の下にもたらされたものである。女子野球界に大きな足跡を残した四選手は、まだまだ歩みを止めない。

自分の不満を監督にぶつけて、
本当に面倒くさい選手だと自分でもわかっています。
でも、自分で納得のできるまで、もう少しこだわりたいんです
——金　由起子

もしも、まだ身体が動くのならば
次のバトンを渡せる人が見つかるまで、
もう少し頑張らないといけない
——西　朝美

自分が現役でいる限りはジャパンをめざし続けます。
そういう思いでやっていないと
プレーもモチベーションも落ちてくると思うから
——志村亜貴子

期待の若手たちの台頭

今大会では全20名のうち、尚美《しょうび》学園大学の寺部歩美《てらべあゆみ》、平成国際大学からは兼子沙希《かねこさき》、平賀愛莉《あいり》、笹沼菜奈、クラブチーム・新波の石田悠紀子、プロからは矢野みなみが代表初選出だった。

それは、次回大会以降を見据え、代表メンバーの新陳代謝が進んだ選考でもあった。

花咲徳栄《はなさきとくはる》高校時代には投手として、そして捕手として目覚ましい活躍を見せた寺部歩美は、今大会では捕手、そして外野手としてマドンナジャパンにおいて大きく貢献した。

「初めてセレクションを受けたのは大学二年生、カナダのワールドカップのときでした。そのときはピッチャーで受けたんですけど、自信はありませんでした。その後、肩と肘《ひじ》を壊してピッチャーができなくなって、治るまでDHでやっていたんですけど、ピッチャーで中途半端になるのが嫌だったので、この時点で野手に切り替えました」

次のセレクションでは外野一本で受けることにした。しかし、寺部は捕手としても光るものがあり、それがまさに代表選手に選ばれる大きな後押しとなった。

マドンナジャパンの正捕手の座には、西朝美《ともみ》が長年にわたって君臨してきた。しかし、西本人も語っているように「後継者育成が急務」であることは間違いなかった。一方で、外野手に目を転じてみると、キャプテンの志村亜貴子、ベストナインに輝いた三浦伊織《いおり》は定位置を確保していたものの、「あと一枠」の空きがあった。そこで、「捕手もできて外野もできる強打者」である寺部は、まさに大倉の言う「ジグソーパズルの貴重なピース」として際立つことになった。

「外野については大学三年の一年間、ずっとやっていたので不安はなかったです。でも、合宿のときに清水コーチに〝お前、キャッチャーもできるのか?〟と聞かれたので、〝キャッチャーでの起用もあるのかな〟と思って準備はしていました」

しかしその後、宮崎合宿の際に大倉監督と面談をしたときに「ほぼ外野起用だろう」という感触をつかんでいた。西が正捕手となり、サブにプロでもキャッチャーをやっている中村茜《あかね》が入ることは事前にイメージできていた。もしも、自分がマスクをかぶるとすれば、西か中村に不測の事態が起きたときになるだろう。基本は外野手として準備をして、有事に備えていつでもキャッチャーもできるようにしておくこと――。イメージトレーニングは万全だった。

大会前は緊張よりも、楽しみの方が勝っていた。しかし、開会式でグラウンドに立ったときに、想像以上に観客が多いのを見て、徐々に緊張が勝っていった。そして、その緊張が寺部にとっての力となった。

「ジャパンというのは特別な力が発揮できる場所でした。持っている力以上のものが出た気がするし、先輩選手がみんな気を遣って声をかけてくれたので、すごくやりやすかったです」

今大会で寺部は全試合において、外野手としてスタメン出場を果たしていた。打者としては9打数5安打、打率・556というハイアベレージを記録。特筆すべきはフォアボール6、デッドボール2という数字だ。勝負強い打撃と四死球によって、とにかく出塁する。そして、上位打線にチャンスをつなぐ。

まさに、驚異の八番打者として、日本優勝の原動力のひとりとなった。

「次回大会も、もちろんめざしたいです。今度はキャッチャーとして試合に出てみたいと思っています。次の大会までにもっともっと勉強して挑戦します！」

代表初選出でありながら、すでにマドンナジャパンの中心として機能しつつある寺部の今後に、さらに期待したい――。

＊

平成国際大学キャンパスで出迎えてくれたのが、代表選出二度目の吉井萌美《もえみ》、そして代表初選出の兼子沙希、平賀愛莉、笹沼菜奈の4人だった。

前回のカナダ大会で初選出され、今回で2大会連続出場となったのが吉井萌美だった。前回は代表最年少で、唯一の十代選手だった吉井も今大会では大学三年生となり、先輩としての自覚と風格が育っていた。

「カナダのときは、実は孤独感を感じていました。国内合宿のときには自分と同年代の選手もいなかったし、泣きながら友だちに電話をしたこともありました。それに、普段は先発起用が多いのにジャパンではリリーフ、ワンポイントという役割が受け入れられなくて……。頭ではわかっているのに、わかっていても悔しくて……。今回も同い年がいなかったのはきつかったけど、同じ大学の仲間が3人いたのは大きかったです」

前回、「リリーフ、ワンポイントという役割が受け入れられな」かった吉井は、今大会でもリリーフ、ワンポイントとして起用されることになった。心境に変化はあったのだろうか？

「昔よりは先発へのこだわりは少なくなりましたね。今大会でも、最初に大倉監督から〝左打者のワンポイントで行くぞ〟と言われていました。前回のカナダで、〝ジャパンではワンポイントも大切な役割なんだ〟と学んだから、素直に受け入れられました」

前回大会終了後、当時の新谷《しんたに》博監督（元西武ライオンズなど）から吉井は「出番を作ってやれなくてすまなかったな」と謝罪を受けたという。普段はエースであっても、ジャパンでは誰かが縁の下の力持ちになり、裏方としてチームを支えなければならない。それまで気がつかなかった大切な存在を知ると同時に、自分がその役割を任されたのならば、それをまっとうしようという気概が芽生えていた。

前回は、慣れないリリーフ経験のためにどのように調整をしたらいいのか、きちんと理解していなかった。そのため、ついブルペンで投げ込みすぎてしまうことがしばしばあった。

「前回の反省から、〝ブルペンでは作りすぎない〟ということを学びました。ブルペンで軽く作っておいて、いざ登板するときにがっつり作る。そういう調整法を身につけました」

カナダ大会を経て、投手としても、ジャパンの一員としても、すべてにおいて吉井はレベルアップしていた。16年の韓国大会の頃にはすでに大学を卒業している。次回大会について、吉井はどう考えているのか？

「自分の実力的には、〝ジャパンではそろそろ限界なのかな？〟という思いも、正直言ってありますね。でも、もしもまたジャパンに選ばれるとしたら、やっぱりそのときもワンポイントとかリリーフなのかな？　選手として自分の役割を頑張るのはもちろんだけど、下の子たちの面倒、ケアもしっかりしたいなと思います。今まで、中島さんがやってきたような役割をしたいです」

マドンナジャパン投手陣の精神的支柱だった中島梨紗は今大会を最後に、代表引退を決意している。卓越した指導力を誇る中島は、今後はコーチとしてベンチ入りする可能性はあるものの、現役選手であっても黙々と自分の役割をこなし、年少者に対してもアドバイスできる存在は今後もジャパンには不可欠だ。吉井は今、新たな決意とともに次なる大会をめざしている。

「本当はジャパンのセレクションを受けたくなかったんです……」

消え入りそうな小さな声で言ったのが、大学四年生にして代表初選出となった平成国際大学の兼子沙希だった。歴代のマドンナジャパン戦士たちに何人も会って話を聞いてきたけれど、誰もが「どうしてもジャパン入りしたかった」と語っていただけに、彼女の言葉は異色だった。兼子がセレクションを受けたのは、平成国際大学・濱本光治監督の推薦だった。

「トップレベルの選手になりたいという思いはあったけど、元々、目立つのが好きじゃないんです。合格したときも嬉しかったけど、不安の方が大きかったです」

代表合宿が始まり、正式にマドンナジャパンの一員になった頃、大倉監督、志村キャプテンは、「兼子は楽しんでやっているのかな?」という不安をしばしば口にしていた。

「初めての大舞台で緊張していたのは確かです。でも、あまり試合に出ていないけど、すごく楽しかったです。みんな一流の選手ばかりで、とてもいいチームでした。そんなチームの一員として入れさせてもらったことに感謝しています」

大倉野球と出会ったことで、兼子の野球観も大きく広がった。大倉による「相手の嫌がることをとことん突いていく野球」にとても共感した。俊足でかき回して、バントなどの小技で相手を揺さぶる野球は、元々兼子がめざしていた野球でもあった。

「日の丸を背負うには覚悟が必要だということを今回の経験で学びました。今でも、あんまり人前に出たくない、目立ちたくないという思いは変わっていないけど、次回のセレクションは初めて自分の意志で受けようと思います。それでダメだったらしょうがないけど、もう一度全力を出して、ジャパンの野球に挑戦したいです」

インタビュー中、ずっと小さな声だった兼子の声が、このとき少しだけ力強くなった。

同じく代表初選出だったのが平成国際大学一年生の平賀愛莉だった。

「あの大会はすべてが夢のようでした。まわりみんながすごい選手ばかりで、その中で一緒にプレーできるのは本当に嬉しかったです。サンマリンスタジアムのスコアボードに《厚ヶ瀬》《川端》と並んで、《平賀》と出ていたのを見て、〝わぁ、スゲー!〟って感動していました(笑)」

大会序盤、平賀も物静かな振る舞いで、周囲は「平賀は緊張しているのかな?」と心配していたが、大会が進んでいくに連れて明るい笑顔が弾けるようになった。それを見た大倉監督も「ようやくなじんできたな」と安心していた。

「本当に人見知りなんです、自分。初めての人たちの場合、その輪に溶け込むのに時間がかかるんです。みんなでカラオケとか歌ったんですけど、自分、恥ずかしくて歌えませんでした。(三浦)伊織さんとか、超楽しそうに歌ってたんですけど、ああいう風に私もなりたいです。めっちゃいい人です、伊織さん。(中村)茜さんはまわりを見れているし、誰よりも声を出しているし、私にもよくしてくれました。大会に入って、ずっと一緒にいるのでみんなと仲良くなれました。志村さんとか、中島さんにちょっかいだせるようになりましたから、もう大丈夫です」

大会当時、まだ18歳だった平賀にとって、今大会は大きな収穫ばかりの大舞台となった。

「今回のジャパンではいろいろなことを学びました。厚ヶ瀬さん、三浦さん、川端さんたち、プロ選手が堂々とプレーしているのを見て、〝やっぱりプロは違うな〟と思ったし、合宿や大会期間中には礼儀も教わったし、みんなが真剣にプレーしている姿を見て、自分の野球に対する考えが甘かったことにも気づいたし。短い期間だったけど、すごく成長できた大会でした」

平賀と同様、大学一年、18歳だったのが本格派左腕、笹沼菜奈だった。同じ平成国際大学の兼子や平賀が「すごく人見知りです」というのに対して、笹沼は人懐っこい笑顔で、すぐにジャパンの先輩たちに溶け込んでいる姿が印象的だった。

「すごく楽しかったし、私はすぐになじめました（笑）。普段の大学での野球は、野球だけじゃなくて遊びや食べることなど、いろいろな話も多いけど、ジャパンでは全員が《優勝》という同じ目標を持って、勝つことを楽しんでいるのが印象的でした」

トライアウトを受けたのは埼玉栄高校三年生の冬だった。齋藤賢明監督から「チームとして笹沼を推薦する」と言われ、とまどいながらの受験ではあったものの見事に通過する。

「中学一年の頃にジャパンの存在を知っていました。そのときから日の丸への憧れはあったので、ヴィーナス・リーグからジャパンに行った人はいつもチェックしていました」

トライアウトに受かる自信はなかった。同級生からは「受かるでしょ」と言われていたが、それは本人にとってはプレッシャーになっていた。ブルペンで投げているときに、背後で大倉監督が「カーブを投げてみて」と声をかける。

「でも、そのとき一球もカーブでストライクが入らなくて、〝もう終わった……〟って思っていました。だから、どうして代表に選ばれたのか今でもわかりません（笑）」

それでも、「あの重量感のあるストレートは魅力的だ」と首脳陣からの評価は高く、笹沼は代表候補入りを果たした。しばらくの間は、同じ左腕の吉井萌美、そして尚美学園大学の田中茜《あかね》と

「サウスポー枠」を争うことになった。代表入りを決定づけたのが、8月の松山合宿の直前に行われた第10回・伊予銀行杯全日本女子硬式野球選手権大会での好投だった。バックネット裏から笹沼のピッチングを見ていた清水稔《みのる》コーチは、このとき「笹沼はいいぞ」と手応えをつかみ、彼女は見事に代表入りの切符をつかんだ。

「まさか、自分が選ばれるとは思っていませんでした。でも、清水コーチには〝経験はなくて当然。だけど、代表には新しい力が必要。あの松山のときのピッチングを大切にしてほしい〞と言われました。大倉監督からも〝経験がないのは仕方がない。まずは自分のできることだけをしてほしい〞と言われました」

トライアウトのとき、思うように変化球が決まらずにあせりの表情を浮かべていた笹沼の姿を僕は見ていた。傍から見ていてかわいそうになるぐらい動揺していた彼女だったが、宮崎ではまったく正反対で実に落ち着いているように見えた。

2戦目の香港戦、5戦目のアメリカ戦に先発した笹沼は両試合とも見事なピッチングを披露した。そこには、まったく緊張のかけらもなかった。

「試合前のブルペンではすごく緊張したんですけど、ベンチに戻ったときにはまったく緊張しなかったですね。アメリカ戦のときも緊張はしなかったんですけど、私、〝この日、負けても決勝に行ける〞って知らなかったんです。だから、負けていいとは思っていませんでした。だから、前日に告げられたときにはあせったし、プレッシャーも感じたけど、〝考えても仕方がないや。

考えても何もできないし、とにかく自分は投げることしかできない〟と切り替えたら、ぐっすり眠れました。私には眠れない日はありません（笑）」

アメリカ戦終了後の記者会見の席で、こんな質問が飛んだ。

——昨晩はぐっすり眠れましたか？

この質問に対して、笹沼は笑顔で答える。

「はい、ぐっすり眠れました」

この瞬間、会見場は笑顔に包まれた。この場面を笹沼が振り返る。

「最初、この質問の意味がわかりませんでした。〝何で、そんな質問をするんだろう？〟って思いました。緊張で眠れない人がいることを考えていなかったから（笑）」

明るく元気に笑う笹沼の姿を見ていて、「実力はもちろんだけど、こういうキャラクターもジャパンには必要だ」と改めて思った。怖いもの知らずで、がむしゃらに突っ走ることができた時代を経て、今後キャリアを重ねていくことで、野球の怖さ、ピッチングの難しさを知ることもあるかもしれない。それでも、笹沼には今の明るく元気なキャラクターそのままのピッチングを貫いてもらいたい。そんなことを、僕は考えていた。

今度はキャッチャーとして試合に出てみたいと思っています。
次の大会までにもっともっと勉強して
挑戦します！　——寺部歩美

選手として自分の役割を頑張るのはもちろんだけど、
下の子たちの面倒、ケアもしっかりしたいなと思います。
今まで、中島さんがやってきたような
役割をしたいです　——吉井萌美

今でも、あんまり人前に出たくない、
目立ちたくないという思いは変わっていないけど、
次回のセレクションは
初めて自分の意志で受けようと思います　——兼子沙希

サンマリンスタジアムのスコアボードに《厚ヶ瀬》《川端》と並んで、
《平賀》と出ていたのを見て、〝わぁ、スゲー！〟って
感動していました（笑）　——平賀愛莉

〝考えても仕方がないや。考えても何もできないし、
とにかく自分は投げることしかできない〟
と切り替えたら、ぐっすり眠れました。
私には眠れない日はありません（笑）
——笹沼菜奈

＊

23歳にして代表初選出を果たしたのが、クラブチーム・新波に所属する石田悠紀子だった。花咲徳栄高校から日本体育大学に進み、この間もずっと野球を続けてきた。

石田には日本代表チームに苦い思い出があった。08年松山で行われた第3回大会のトライアウトにおいて3打数3安打を放ち、守備も無難にこなしたにもかかわらず二次選考で落選した経緯があった。このとき、結果を残せなかったにもかかわらず、高校の同級生である大山唯（現兵庫ディオーネ）は選考に残り、最終審査も通過して見事に代表入りを決めていた。

悔しくて、選考終了後に石田は大倉監督に「自分の何がダメだったんですか？」と問うた。このとき、大倉が言ったひと言が後の石田の原動力となった。

「このとき、大倉さんに〝パワーとスピードがない〟と言われました。それが、本当に悔しかったので、〝よし絶対にパワーをつけよう〟と決意しました。スピードに関しては足が遅いので仕方ないと最初からあきらめていましたけど（笑）」

その後、パワーアップのために石田が取り組んだのが「ポップフライを打つ練習」だった。

「高校を卒業して入った新波の監督に〝ポップフライを打てるようになれ〟と言われました。最初は意味が分からなかったんですけど、それはボールの下を叩く練習でした。バットの芯とボールの芯が当たると、お互いに芯同士なので無回転になってドライブがかかってボールは飛ばないんです。でも、ボールの下を叩くように意識していたら飛距離がすごく伸びました」

さらに、もうひとつ重要な要素があった。

「一番、大きいのは太ったことですね（笑）。高校時代と比べると20キログラム増やしました。でも、そうするとキレがなくなってきたので、そこから8キロ減らしました。そうしたら、すごく調子がよくなったんです。ビデオを見てもすごく安定して打っているのがわかります。昔はふわふわしていて地に足が着いていなかったけど、今は体重が増えたことでどっしりして下半身が安定して飛距離が出るようになりました」

ある時期までは「西さんをめざしてみよう」と、とことん太る決意をしたものの、20キロを過ぎる頃から、それ以上、太ることができなくて断念した。試行錯誤の末に今では自分のベストウエイトをきちんと理解するようになった。

今回の宮崎大会では、代表メンバーの誰もが「石田の飛距離はすごい」と言い、かつて「パワー不足だ」と指摘した大倉もまた、「石田の魅力は飛距離だ」と口にした。

「自分でも飛距離が武器だと思っていました。合宿期間中も、大倉監督からはバッティングのアドバイスをたくさんもらいました。合宿での試合ではいつもバッティングはよかったし、長打も多かったので、〝ひょっとしたら選ばれるかも？〟という思いはありました。選ばれたときは本当に嬉しかったです」

こうして、23歳の新人代表選手が誕生することになった。自分の役割は「この年齢だからこそ、上の代と下の代をつなぐこと」だと自覚していた。代表合宿では毎回、いろいろな選手と同部屋になっていた。その部屋割りを見て、「このコはどこでも大丈夫。誰とでもコミュニケーションが取れる」と思われているのが嬉しかった。

「私はDHでベンチにいることが多かったけど、ベンチも一緒にグラウンドの選手たちと戦っているんだということはいつも意識していました。ベンチとグラウンドの境目があるチームはよくないと思うんです。だから私は、〝その境目をなくそう〟ということを意識していました。そのために、常に声を出してみんなの気持ちをつなぐことを大切にしました」

日本代表チームの取材をしていていつも感じることだが、マドンナジャパンは「日本で野球の上手い選手の上位20名を集めればいい」という単純なものではない。そこには、極端に出番が少ないかもしれないけれど、吉井のように「ワンポイントとして」、あるいはこの石田のように「ベンチとグラウンドを結ぶ役割として」、それぞれに大切な任務があり、それぞれが自分の任務をまっとうしたときに初めて、「優勝」という栄誉を手に入れることができるのだ。

今回の石田は、ムードメーカーとして、そして長打が魅力のDHとして、マドンナジャパンには欠かせない存在となった。

23歳のオールドルーキーもまた、次回大会をすでに見据えている。

「今回の大会がものすごく楽しかったし達成感もあったので、もちろん次の大会もめざします。私と同じ代の選手たちがみんな物静かなので、だからこそ私は元気に声を出してチームに貢献できるような選手をめざします」

石田の生まれた「91年組」は磯崎由加里《ゆかり》、新宮有依《ゆい》、六角彩子《ろっかくあやこ》、プロの三浦伊織など、確かに静かなタイプの選手が多い。だからこそ、そこに石田は活路を見出している。もちろん、彼女の長打力は誰にも真似できない、彼女だけの魅力でもある。

女子では珍しいスタンドインの豪快な一発。ぜひ、石田には期待したい。

プロとしてのプレッシャーと誇りと

プロからの代表初選出となったのが矢野みなみだった。

当初、プロから6選手が招集された中に矢野の名前はなかった。14年シーズン開幕以来、プロの世界で実績を残したことによって8月の松山合宿から追加招集されることとなった。

「代表候補のメンバーを見たときに、〝たぶん、里と磯崎は先発だろう。じゃあ、自分は中継ぎか、それとも抑えかな？〟と考えました。それで、〝まずは短いイニングを全力で抑えられるようにしたい〟と考えました」

しかし、矢野の代表デビューは第1戦のオーストラリア戦の先発だった。当然、緊張はした。それでも、矢野は事前にオーストラリア対策をきちんと講じていた。

「大会直前に大阪でオーストラリアチームが履正社と練習試合を行っていたんです。このとき、プロ選抜とも練習試合が行われました。さすがに、この試合で私は投げていないです。でも、履正社との試合のときに、リーグから2台のビデオカメラを借りて、バックネット裏からバッターの特徴を、スタンド席から守備隊形を録画しました。この試合で、女子プロの小西（美加）さん、宮原（臣佳《みか》）が抑えていたので、私も〝コントロールミスさえなければ大丈夫だろう〟と手応えを感じていました」

この年の2月、矢野は母を亡くしていた。長年の闘病生活の末に天国へ旅立った母とは「絶対にワールドカップに出場する」と約束をしていた。

ようやくその約束を果たせる好機が訪れた。アンダーシャツの下には、母の形見のネックレスを身につけていた。1回表、オーストラリアの攻撃が始まる直前、マウンドに立った矢野はバックスクリーンを見ながら、静かに胸元に手を当てた。

「あの場面、やっぱり緊張していました。でも、あのネックレスを触ることによって、〝母の苦労と比べたら、自分の緊張なんてたいしたことがない〟と思えました」

この試合では3回を無失点に切り抜け、3戦目のベネズエラ戦は二番手としてマウンドに上がり1回を無失点、第5戦のアメリカ戦ではクローザーとして1点を守り切る好投を見せた。

毎日のように肩を作って準備したのに、全6試合で3試合に登板、5イニングだけの出番となった。プロでは先発完投が当たり前の矢野にとって、それは新鮮な経験だった。

「今回、私にとっては一発勝負の戦いの怖さを学べた大会となりました。ひとつの試合に徹底的にこだわって、ひとつの試合を取りに行くために、みんなで自分の役割をまっとうして……。こういう準備の大切さ、チーム全体の方向性はこれから、自分のチームで下の子たちに伝えたいと思います。でも、次の大会では決勝戦の先発を狙いますけどね（笑）」

プロで最多勝に輝いた実力派右腕は、虎視眈々と次の大会を見据えていた――。

前回大会に続いて、二度目の代表選出となったのは中村茜《あかね》だった。マドンナジャパンには不動の正捕手・西朝美が長年にわたって君臨し続けていた。しかし、西は満身創痍の状態にあった。もしも、西に何かがあったときのために「控え捕手」の存在はとても重要だった。

しかし、西にアクシデントが起こらず、体調に何の問題もなければマドンナジャパンにとっては幸運であっても、西の控えを任された選手にとっては自らの出場機会が大きく減ることになる。そうした不安定な役割を見事にこなしたのが中村だった。

中村は常に大きな声を出していた。大会中盤にはすでに完全にのどが枯れ果ててしまっていた。それでも、なおも大きな声でチームに喝を入れ、常にきびきびと走り回っていた。その姿勢は傍から見ていて感動的であり、神々しくもあった。

「最初のカナダ大会のときには、〝自分なんかがこんなところにいていいのか〟っていう迷いがすごく大きかったんですけど、今回はまったく不安がなくて四連覇に向けて結果だけにこだわるつもりで臨めました。カナダでチームメイトだったアマチュアの選手たちとまた同じユニフォームを着られるのが嬉しかったです」

第5戦のアメリカ戦、この日中村は六番キャッチャーでスタメン出場し、代表初選出の笹沼を見事にリードして1対0の完封劇の立役者となった。さらに、この試合では4回裏、一死一、三塁の場面で見事なセーフティースクイズを決めて、決勝点を奪い取った。見事にバントを決めて一塁に向かってダッシュしている途中、中村は小さくガッツポーズを作った。

この瞬間、僕は前回大会で新谷博監督が言ったひと言を思い出していた。

かつて、新谷は「犠牲バントを決めて、自然にガッツポーズが出るようなチームを作りたい」と言っていた。まさに、中村のこのガッツポーズこそ、新谷が理想としたものであり、マドンナジャパンに必要な精神だった。

「このとき大倉監督に、〝転がしやすい方はどっちだ？〟と聞かれたので、〝一塁側です〟と答えました。〝じゃあ、それでやれ。任したぞ〟と言われました。そのひと言でずいぶんラクになりました。まさか、あんなギリギリに決まるとは思いませんでした。〝キレるな、キレるな〟と心で叫びながら一塁まで駆け抜けました。本当に必死にやっていたので、実は、この試合のこともあんまりよく覚えていないんですけどね（笑）」

マドンナジャパンのスーパーサブとして、中村もまた20名のうちの大事な選手のひとりであり、大倉の言う「ジグソーパズルの重要なピース」であることは間違いなかった。

私はＤＨでベンチにいることが多かったけど、
ベンチも一緒にグラウンドの選手たちと
戦っているんだということは
いつも意識していました　――石田悠紀子

でも、次の大会では
決勝戦の先発を狙いますけどね（笑）
——矢野みなみ

カナダ大会のときには、
〝自分なんかがこんなところにいていいのか〟っていう
不安がすごく大きかったんですけど、
今回はまったく不安がなくて四連覇に向けて
結果だけにこだわるつもりで臨めました
——中村茜

＊

さまざまな試練をくぐり抜けてきたベテランたちと、怖いもの知らずで伸び盛りの若手、そして「プロ」の看板を背負って日本優勝のために合流したプロ選手たち。

大倉孝一監督の巧みな人選と采配によって、日本は四連覇を実現した。その誰が欠けてもいけない、まさに20名の精鋭たちによる「全員野球」で日本は見事に優勝したのだった――。

JAPAN

JAPAN

JAPAN
JAPAN

おわりに

選手たちの、その後――

2014（平成26）年11月22日――。

ワールドカップから2ヵ月以上が経過した秋の日、東京・渋谷では「マドンナジャパン・ファンミーティング」が行われていた。日頃から女子野球をサポートしている関係者やファンを招き、もちろん全20名の選手も登場した和気あいあいとしたイベントだった。

20名の選手を5名ずつ4チームに分けて、「ジェスチャーゲーム」や「クイズコーナー」など、さまざまなゲームが行われた。さらに、イベントの途中には、サプライズゲストとしてギターを持った加藤優《ゆう》が登場して、ミニライブも行われた。今回は最終選考に残ることはできなかったものの、加藤もまたマドンナジャパンの一員として受け入れられていた。

イベントではファンの人たちとの記念撮影大会もあり、ファンや関係者との距離も近く、選手たちもリラックスした表情で久しぶりの再会を楽しんでいた。

あの夏の日、緊張感に包まれていた真剣な表情は、そこにはなかった。誰もが笑顔で、ユニフォーム姿とは違った晴れやかな表情でこのひとときを楽しんでいた――。

＊

14年夏のワールドカップ本番から半年が経過し、15年シーズンが開幕。わずか半年にもかかわらず、選手たちの境遇、所属チームはさまざまに変わった。JWBL（日本女子野球リーグ）が今年も機構改革を行い、プロ選手たちも移籍やチーム名改称によりそれぞれ所属先が変わった。尚美《しょうび》学園大学の四年生だった出口彩香《でぐちあやか》と寺部歩美《てらべあゆみ》は、ともにプロ入りを決意し、それぞれ別々のユニフォームを着ることになった。

改めて15年6月現在のそれぞれの所属チームを記したい。

《投手》
里綾実（ノースレイア→兵庫ディオーネ）
中島梨紗（イーストアストライア→埼玉アストライア）
磯崎由加里（侍→埼玉アストライア）
新宮有依（侍）
笹沼菜奈（平成国際大学二年生）

吉井萌美（平成国際大学四年生）
矢野みなみ（ウエストフローラ→京都フローラ）
《捕手》
西　朝美（ＡＦＢ　ＴＴＲ）
中村　茜（ウエストフローラ→京都フローラ）
《内野手》
金　由起子（ホーネッツ・レディース）
平賀愛莉（平成国際大学二年生）
兼子沙希（平成国際大学→侍）
石田悠紀子（新波）
出口彩香（尚美学園大学→京都フローラ→埼玉アストライア）
六角彩子（侍）
厚ヶ瀬美姫（イーストアストライア→兵庫ディオーネ）
川端友紀（イーストアストライア→埼玉アストライア）
《外野手》
志村亜貴子（アサヒトラスト）
三浦伊織（ウエストフローラ→京都フローラ）

寺部歩美（尚美学園大学→兵庫ディオーネ）

14年の夏、ともに日の丸を背負って見事に四連覇を実現したマドンナジャパン20名の選手たちは、それぞれ別々のユニフォームを着て、今も熱戦を繰り広げている。

その一方で、早くも16年の夏には韓国で第7回ワールドカップが予定されている。大会連覇を継続中のマドンナジャパンに対して、アメリカ、カナダ、オーストラリアは「打倒日本」に向けて、一丸となって向かってくることだろう。

まだ大会詳細は発表されていない。どんな体制でマドンナジャパンが臨むのか？　大倉孝一がふたたび指揮を執るのか？　誰が代表メンバーになるのか？　プロからは何名が合流するのか？　今後の行方に注目したい。

すばらしき、女子野球の世界を

「はじめに」でも書いたけれど、本書は12年に出版した『マドンナジャパン 光のつかみ方』（小社刊）に続く、第二弾としての位置づけである。

前作で登場したキャプテンの志村亜貴子、副キャプテンの中島梨紗《なかしまりさ》、あるいは埼玉栄高校の3

人の同級生――磯崎由加里《いそざきゆかり》、新宮有依《しんぐうゆい》、六角彩子《ろっかくあやこ》――たちの物語もあれば、世界の四番・西朝美《ともみ》の壮絶な高校時代やプロ野球界に現れたスーパースター・川端友紀《かわばたゆき》の物語もある。

ぜひ、そちらも手にとっていただけると幸いである。

本書は僕にとって、四冊目の「女子野球本」になる。これからも、まだまだ取材を続けていき、次回のワールドカップでも書籍を発行できるように頑張りたい。女子野球の取材を始めて十年以上が経過した。これまでに多くの名選手に出会い、尊敬すべき人たちに出会ってきた。決して恵まれた環境にあるわけでもないのに、「野球が好き！」という、ただその思いを胸に、困難に立ち向かう。そんな彼女たちの姿に僕は何度も元気づけられ、勇気をもらってきた。そして、その感動を多くの人に伝えたいと思い、取材を続けてきた。

ぜひ、これからもひたむきな彼女たちの姿を追いかけていきたい。

＊

前作に引き続き、今回も「一般社団法人 全日本女子野球連盟」の長谷川一雄会長や山田博子氏をはじめとする連盟スタッフの方々、ＪＷＢＬの方々には本当にお世話になった。

大会期間中には大倉孝一監督、清水稔《みのる》コーチ、津司《つし》浩一団長にお世話になった。グラウンド内外で経験した、あの夏の感動を僕は忘れることはないだろう。

前回に引き続き、すばらしい写真を提供してくれた報知新聞社・軍司敦史氏にも、改めてお礼の言葉を申し上げたい。また、宮崎では本当に多くの人に支えられた。実に快適な取材活動を行えたのは宮崎放送のみなさまをはじめとする現地の方々の細やかな心遣いのたまものだった。ぜひ、多くの人にマドンナジャパンの魅力を知ってもらいたい。本書がその一助となれば、作者にとってこの上ない幸せである。

すばらしき女子野球の世界を、ひとりでも多くの人に——。

２０１５年６月　長谷川晶一

Japan National Team 2014

2014年 マドンナジャパンメンバー
（日本代表チーム）

日本でのW杯開催、四連覇への期待という重圧をものともせず、
見事に新たな地平を切り拓いて見せてくれた20名の戦士たち。
しなやかに強く！　監督、コーチを含む22名の顔ぶれがここに。

※所属チームは大会当時のもの

51
コーチ

清水 稔　しみず・みのる

1965年4月7日生まれ。
市立尼崎—近畿大学—三菱重工神戸。捕手。史上初の大学春・秋リーグ戦全勝優勝。都市対抗野球8回出場。97年日本選手権優勝。99年から三菱重工神戸で4年間監督を務める。2010年女子野球日本代表チームのコーチ就任。

30
監督

大倉孝一　おおくら・こういち

1962年9月17日生まれ。
岡山県立玉島商業—駒澤大学—NKK日本鋼管福山。捕手。現役引退後NKK、駒大でのコーチを経て2001年から女子野球日本代表コーチ、06年から代表監督に就任。08年、10年、14年と優勝。環太平洋大学女子硬式野球部監督。

11
投手

中島梨紗　なかしま・りさ

1986年12月27日生まれ。
右投右打。163cm。
所属チーム：イーストアストライア
好きな球団：福岡ソフトバンクホークス

10
投手

新宮有依　しんぐう・ゆい

1991年4月19日生まれ。
右投左打。165cm。
所属チーム：侍
好きな選手：ダルビッシュ有

16
投手

磯崎由加里 いそざき・ゆかり
1991年7月26日生まれ。
右投右打。162cm。
所属チーム：侍
好きな選手：ダルビッシュ有

15
投手

吉井萌美 よしい・もえみ
1993年8月12日生まれ。
左投左打。158cm。
所属チーム：平成国際大学
好きな球団・選手：読売ジャイアンツ・内海哲也

26
投手

矢野みなみ やの・みなみ
1989年2月26日生まれ。
右投右打。
所属チーム：ウエストフローラ

18
投手

里 綾実 さと・あやみ
1989年12月21日生まれ。
右投右打。166cm。
所属チーム：ノースレイア
好きな選手：ダルビッシュ有

2
捕手

西 朝美 にし・ともみ
1988年1月2日生まれ。
右投右打。167cm 。
所属チーム：AFB TTR
好きな選手：阿部慎之助

77
投手

笹沼菜奈 ささぬま・なな
1996年1月26日生まれ。
左投左打。165cm。
所属チーム：平成国際大学
好きな球団・選手：読売ジャイアンツ・内海哲也

1
内野手

厚ヶ瀬美姫 あつがせ・みき
1991年2月12日生まれ。
右投左打。160cm。
所属チーム：イーストアストライア

12
捕手
外野手

中村 茜 なかむら・あかね
1989年12月21日生まれ。
右投左打。159cm。
所属チーム：ウエストフローラ

19
内野手

石田悠紀子 いしだ・ゆきこ
1991年4月16日生まれ。
右投両打。158cm。
所属チーム：新波
好きな選手：飯田哲也

6
内野手

出口彩香 でぐち・あやか
1992年7月15日生まれ。
右投右打。162cm。
所属チーム：尚美学園大学
好きな選手：西岡 剛

36
内野手

六角彩子 ろっかく・あやこ
1991年10月24日生まれ。
右投右打。157cm。
所属チーム：侍
好きな球団：広島東洋カープ

23
内野手

川端友紀 かわばた・ゆき
1989年5月12日生まれ。
右投左打。170cm。
所属チーム：イーストアストライア
好きな球団：東京ヤクルトスワローズ

86
内野手

平賀愛莉 ひらが・あいり
1995年11月23日生まれ。
右投右打。153cm。
所属チーム：平成国際大学

55
内野手

金 由起子 こん・ゆきこ
1977年9月20日生まれ。
右投右打。168cm。
所属チーム：ホーネッツ・レディース
好きな選手：稲葉篤紀

3
外野手

三浦伊織 みうら・いおり
1992年3月11日生まれ。
左投左打。160cm。
所属チーム：ウエストフローラ
好きな球団・選手：中日ドラゴンズ、イチロー

96
内野手

兼子沙希 かねこ・さき
1992年7月14日生まれ。
右投右打。156cm。
所属チーム：平成国際大学
好きな選手：橋本到

8
外野手

志村亜貴子 しむら・あきこ
1982年11月9日生まれ。
右投右打。160cm。
所属チーム：アサヒトラスト
好きな選手：イチロー

7
外野手
捕手

寺部歩美 てらべ・あゆみ
1992年11月25日生まれ。
右投右打。165cm。
所属チーム：尚美学園大学
好きな球団：中日ドラゴンズ

第6回
IBAF女子野球ワールドカップ2014 マドンナジャパン全戦績

2014年9月1日～7日　日本・宮崎（サンマリンスタジアム宮崎／アイビースタジアム）

1次ラウンド

第1戦　オーストラリア 0 vs 14 日本　5回コールド

9月1日	1	2	3	4	5	6	7	計	H	E
オーストラリア	0	0	0	0	0			0	3	0
日　本	0	12	0	2	X			14	9	0

豪（投）●ラティーマー ― ペプバーン ― マグラス ― ブレア
日（投）○矢野 ― 吉井 ― 里

第2戦　日本 19 vs 0 香港　5回コールド

9月2日	1	2	3	4	5	6	7	計	H	E
日　本	3	8	6	0	2			19	12	0
香　港	0	0	0	0	X			0	1	2

日（投）笹沼 ― ○中島 ― 吉井
香（投）●Lam Yee Wan ― Yeung Kit Ling ― Au Kit Yi Kitty ― Au Ho Ying ― Ng Yan Wa

第3戦　ベネズエラ 0 vs 14 日本　5回コールド

9月3日	1	2	3	4	5	6	7	計	H	E
ベネズエラ	0	0	0	0	0			0	1	6
日　本	0	0	11	3	X			14	12	0

委（投）●リンコン ― プリメイラ ― アラングレン ― ペルスJ ― カゾーラ ― ゴメス
日（投）○磯崎 ― 矢野 ― 里

2次ラウンド

第4戦 カナダ 2 vs 12 日本 5回コールド

9月5日	1	2	3	4	5	6	7	計	H	E
カナダ	0	2	0	0	0			2	4	2
日　本	3	2	4	0	3			12	8	1

加（投）●マテウチ — マーテンセン — ノースコット
日（投）磯崎 — ○里

第5戦 アメリカ 0 vs 1 日本

9月6日	1	2	3	4	5	6	7	計	H	E
アメリカ	0	0	0	0	0	0	0	0	3	0
日　本	0	0	0	1	0	0	X	1	6	0

米（投）●セメンテリ — コブ
日（投）○笹沼 — 吉井 — 中島 — 矢野

決勝戦

第6戦 アメリカ 0 vs 3 日本

9月7日	1	2	3	4	5	6	7	計	H	E
アメリカ	0	0	0	0	0	0	0	0	7	2
日　本	0	0	1	0	2	0	X	3	4	0

米（投）●ヒューデック
日（投）○里

第6回
IBAF女子野球ワールドカップ2014
順位

優 勝	日本 *JAPAN*
準優勝	アメリカ *USA*
3 位	オーストラリア *AUSTRALIA*
4 位	カナダ *CANADA*
5 位	チャイニーズ・タイペイ *CHINESE TAIPEI*
6 位	ベネズエラ *VENEZUELA*
7 位	香港 *HONG KONG*
8 位	オランダ *NETHERLAND*

1次ラウンド	グループ内1回戦総当たり／各グループ上位2ヶ国が2次ラウンド進出
2次ラウンド	1次ラウンド上位2ヶ国、計4チームでの変則総当たり戦 ・1次ラウンドで対戦した国とは対戦せず、他グループの2ヶ国とのみ対戦
	・1次ラウンドの対戦結果を含め5試合終了後に順位を決定
3位決定戦	2次ラウンドでの3位～4位で3位決定戦を実施
決 勝 戦	2次ラウンドでの上位2ヶ国で決勝戦を実施

World Cup Women's Baseball 2014

1次ラウンド

■Aグループ

	日本	オーストラリア	ベネズエラ	香港	勝敗	得点	失点	得失点差
日本		14 - 0 ○	14 - 0 ○	19 - 0 ○	3勝0敗	47	0	47
オーストラリア	0 - 14 ●		4 - 3 ○	29 - 1 ○	2勝1敗	33	18	15
ベネズエラ	0 - 14 ●	3 - 4 ●		5 - 4 ○	1勝2敗	8	22	-14
香港	0 - 19 ●	1 - 29 ●	4 - 5 ●		0勝3敗	5	53	-48

■Bグループ

	アメリカ	カナダ	チャイニーズ・タイペイ	オランダ	勝敗	得点	失点	得失点差
アメリカ		8 - 7 ○	9 - 0 ○	17 - 0 ○	3勝0敗	34	7	27
カナダ	7 - 8 ●		9 - 8 ○	11 - 0 ○	2勝1敗	27	16	11
チャイニーズ・タイペイ	0 - 9 ●	8 - 9 ●		4 - 2 ○	1勝2敗	12	20	-8
オランダ	0 - 17 ●	1 - 11 ●	2 - 4 ●		0勝3敗	2	32	-30

2次ラウンド

※1次ラウンドの各グループの直接対決成績は、2次ラウンドに持ち越されます。
Aグループ：日本14-0オーストラリア／Bグループ：アメリカ8-7カナダ

■Cグループ

	日本	アメリカ	オーストラリア	カナダ	勝敗	得点	失点	得失点差
日本		1 - 0 ○	14 - 0 ○	12 - 2 ○	3勝0敗	27	2	25
アメリカ	0 - 1 ●		3 - 1 ○	8 - 7 ○	2勝1敗	11	9	2
オーストラリア	0 - 14 ●	1 - 3 ●		6 - 5 ○	1勝2敗	7	22	-15
カナダ	2 - 12 ●	7 - 8 ●	5 - 6 ●		0勝3敗	14	26	-12

■Dグループ

	チャイニーズ・タイペイ	ベネズエラ	香港	オランダ	勝敗	得点	失点	得失点差
チャイニーズ・タイペイ		11 - 1 ○	19 - 4 ○	4 - 2 ○	3勝0敗	34	7	27
ベネズエラ	1 - 11 ●		5 - 4 ○	6 - 1 ○	2勝1敗	12	16	-4
香港	4 - 19 ●	4 - 5 ●		19 - 11 ○	1勝2敗	27	35	-8
オランダ	2 - 4 ●	1 - 6 ●	11 - 19 ●		0勝3敗	14	29	-15

長谷川晶一　Shoichi Hasegawa

1970年5月13日生まれ。早稲田大学商学部卒。出版社勤務を経て2003年にノンフィクションライターに。スポーツ、芸能をはじめ幅広いジャンルで取材、執筆を行っている。
『私がアイドルだった頃』(草思社)、『ワールド・ベースボール・ガールズ』(主婦の友社)、『最弱球団 高橋ユニオンズ青春記』(彩図社)、『イチローのバットがなくなる日』(主婦の友新書)、『真っ直ぐ、前を——第二回女子野球ワールドカップ 日本代表の十日間』(河出書房新社)、『マドンナジャパン 光のつかみ方』(小社刊)、『夏を赦す』(廣済堂出版)、『プロ野球、伝説の表と裏——語り継がれる勝負の裏に隠された真実の物語』『2009年6月13日からの三沢光晴』(主婦の友社)、『極貧球団——波瀾の福岡ライオンズ』(日刊スポーツ出版社) 他、著書多数。

公式ブログ　http://blog.hasesho.com/

【協力】

一般財団法人全日本野球協会／株式会社NPBエンタープライズ／公益財団法人日本野球連盟／一般社団法人全日本女子野球連盟／ミズノ株式会社／一般社団法人日本女子プロ野球機構

【女子野球ワールドカップ2014宮崎大会・協力団体】

宮崎県／公益財団法人みやざき観光コンベンション協会／宮崎市／公益社団法人宮崎市観光協会／宮崎商工会議所／KIRISHIMAサンマリンスタジアム宮崎／アイビースタジアム／フェニックスリゾート株式会社／宮崎空港ビル株式会社／株式会社JTB九州／宮崎ガス株式会社／株式会社宮崎銀行／株式会社宮崎太陽銀行／米良企業グループ／トヨタ販売店グループ／宮交ホールディングス株式会社／梅田学園株式会社／学校法人宮崎総合学院／日南学園高等学校／宮崎国際大学／南九州短期大学女子野球部／ホテルマリックス／ANAホリデイ・イン リゾート 宮崎
愛媛県／松山市／公益財団法人松山観光コンベンション協会／坊っちゃんスタジアム／マドンナスタジアム

【写真提供】

報知新聞社

世界最強野球女子

マドンナジャパン 絆でつかんだ四連覇

2015年8月8日　第1版第1刷　発行

著　　者　長谷川晶一

発 行 所　株式会社亜紀書房
〒101-0051
東京都千代田区神田神保町1-32
電話03(5280)0261
http://www.akishobo.com
振替　00100-9-144037

印 刷 所　株式会社トライ http://www.try-sky.com

ブックデザイン　出田一（TwoThree）

ISBN978-4-7505-1454-3